# 超级交谈术

## 通过控制交谈，获取事情背后的真相

## Nothing But the Truth

[美] 玛丽安 · 卡琳奇（Maryann Karinch） 著
杨君君 叶红婷 译



WUHAN UNIVERSITY PRESS
武汉大学出版社

人性有多复杂，交谈就有多困难！

你打开天窗，别人未必说亮话。

# 目录 Contents

前言 // Preface _001

引言 // Introduction _003

**Part 1** 获取真相的六项技能 _001

Chapter 1　什么是“真相”？ _003

Chapter 2　审查信息提供者 _025

Chapter 3　建立和谐的关系 _057

Chapter 4　激励谈话的艺术 _083

Chapter 5　掌控交流 _109

Chapter 6　分析信息 _133

**Part 2** 现实行动中的交谈技巧 _159

Chapter 7　应对想说出真相的人 _161

Chapter 8　应对想要有所隐瞒的人 _191

Chapter 9　应对心怀敌对的信息提供者 _223

Chapter 10 自我评价 _247

# / 前言 /

Preface

在我与玛丽安·卡琳奇（Maryann Karinch）长期共事的过程中，她最为重要的兴趣一直都是研究人们怎样交流，在讲真相和说谎话时都是怎样说的。为了满足她那强劲的兴趣，她采访了各行各业的专业人士，他们都是为不同目的而经常与人打交道的人：执法人员、记者、情报人员、医生、大学教师，还有许多其他的人。

玛丽安从许多采访和广泛的调查中发现了一些重要的因素和指导原则，你可以运用它们增强自己的能力，用于判断别人告诉你的事情是否真实。她已经出版了多本有关该领域的书，不过我觉得，目前这一本是对她的观察和思考最全面的一次提炼。

我在中央情报局秘密行动处（Central Intelligence Agency's Clandestine Service）担任案件官员（case officer），我职业生涯的大部分时间都在致力于招募和管理秘密信息来源或特工。与外国人建立和谐的关系本身就非常具有挑战性，就更不用说将他们评估为潜在的秘密信息来源了，而且这往往是一个非常漫长的过程。

在关于间谍的电影和广受青睐的惊悚小说中，招募的过程往往被忽略或一笔带过。在那些画面中，人就那样被“招进来”了，没有给出具体怎样招募或出于何种原因而招募的细节。这本书关于建立和谐的关系和激励因素的部分特别适用于发展秘密行动的一面。

事实上，在人工情报［HUMINT（human intelligence）］领域中，对大部分秘密行动来说，秘密信息来源的招募和安全管理至关重要。

与潜在的资源（即获得情报的那些人）创建并维持关系，往往非常花时间，而且需要案件官员同时评估他们个人获取情报的能力及其性格品性，即他会考虑成为秘密信息来源吗？如果是这样，为什么呢？什么因素会激励他呢？

人们与中央情报局秘密合作的动机不尽相同，他们的个人生活和职业生涯、保密意识、性格品性以及自我表达的方式也都各不相同。有的人只用口头交流的形式汇报他们掌握的信息，还有的人通过草草书写的便条来传达，还有的人准备得滴水不漏用打印好的报告传递信息，还有的人传递高度机密（偷来的）文件的副本。

除了尽力弄明白特工的报告（通常是趁晚上天黑在一个安全的房子或汽车里递交的），案件官员还必须继续评估他自己手下的特工：他是怎样获取这些信息的？他报告的信息是尽可能准确的吗？这些都是令人望而却步的艰巨任务，要在案件官员需要的框架内完成，才能保证特工受到激励且目标明确。作者关于“管理交流”的观点一语中的，完全正确。

你会明白，作者在本书中提出并讨论的许多因素，从建立和谐的关系和激励，到质疑与管理交流，都能直接运用于我处理秘密信息来源的工作。真的，要从玛丽安的书中找出一章某种程度上不适用于招募和管理信息来源的内容，很难！

虽然我在中央情报局的工作属于秘密行动的神秘领域，但是任何人，只要在工作中需要经常与人打交道（这包括我们大部分人），就会发现，玛丽安的书中有一些了不起的深刻见解和小贴士，可用于日常事务，判断别人到底是不是在对你说实话。

——彼得·厄内斯特（E. Peter Earnest）

中央情报局国家秘密行动处前高级官员

美国国际间谍博物馆常务理事

# / 引言 /

## Introduction

一本“探测真相”的书里有些什么?

一个星期一的下午，我的手机响了。打电话的人做了自我介绍，然后问我能否抽点儿时间到版权代理公司谈谈我的一位委托人。我说：“当然可以。”

“他是个骗子。”他说。

那个打电话的人是一位调查记者。那位委托人因为提供了一些“真实的故事”，一家大出版社正要付给他一笔相当优厚的预付款。而给我的提成也能支付好几个月的房贷。

你想知道我当时觉得自己有多愚蠢吗？甚至在写这本书之前，我还自认为了解关于识破谎言和欺骗的各种窍门和秘诀。

我调查了那个委托人的真实姓名，是个我不知道的名字。在核实了那位记者告诉我的事情后，我决定让自己休息一下。我的第一本能反应就是相信别人。为什么我会成为写这本书的合适人选？或许没有比这更充分的理由了吧。

因为我轻信他人的天性让我成为容易上当受骗的人，所以我很想知道那些不仅能识破谎言和骗子还能让他们吐露真相的人的所有秘诀。我到处寻找在这方面既有技巧又有声望的人，他们会告诉我关于从情绪紧张的某个人那里得到真相的所有事情。我想知道他们知道的一切，并用故事和调查研究加以证实，然后将之呈现给你。

简言之，这本书是“进化”的一部分。

一些技术能力能让你成为“人肉测谎仪”并成功测谎，其中涉及：解读肢体语言、探知人们处理信息的方式、采用直接询问，以及利用讯问者们称为“方法”的心理杠杆。在探测真相的时候，这些技巧都很有价值，但利用这些你也只是刚刚开始。探测真相还需要运用一套分析系统，以查看诸多事实之间的相互关系，这要考虑到人的感情、动机和经验，而所有这些都会粉饰真相。重点是不仅要辨别谎言和事实，还要看到它们之间的关联，从而对人物、地点、事情或事件形成较为完整的画面。

比如，埃里克·马多克斯（Eric Maddox）写了一本小说《任务：头号黑名单》（Mission: Black List #1），讲述的是关于搜捕萨达姆·侯赛因（Saddam Hussein）扣人心弦的故事。当我读到那些故事时，我知道，我得和他讨论一下我的书。这位讯问者探寻的是真相，而不只是事实。从他的书中以及与他的谈话中，我收集到的信息是：他从不满足于只弄明白某个人是司机或是厨师。他还想知道他们为什么做那些工作，他们开什么车，做什么菜，等等。他质疑信息来源，思考别人做出的回答，直到他看出其中显现的模式。追随萨达姆的人或出于忠诚，或出于恐惧，或出于贪婪，如果马克多斯不坚持探究种种细节，就不会知道它们的相对重要性，而其他讯问者往往认为那些细节与寻找那位独裁者毫不相关。

很多专家为这本书慷慨付出，他们希望帮助你学会如何获得那个完整的画面。很多事情与你连接信息来源的质量密切相关，因此本书中的许多见解聚焦于如何建立、利用和信任你的信息来源。

另一个关键的技巧是分析。正如中央情报局秘密行动处（CIA Clandestine Service）的前高级官员，本书的前言作者彼得·厄内斯特告诉我的，“不管是什么信息来源，将其文字转换成情报的能力都取决于进行分析的那个人。”在你的生活环境中，你既是信息的搜集者，也是分析者。

真相或许是个很难定义的概念，但我们都能感知到它。我们或许还能更清晰地感知到偏离真相的事情听起来怎么样，看起来怎么样。本书其他的部分从心理学的视角阐述了真相为何难以获得，以及你能如何接近真相。本书还详述了如何利用心理和情绪杠杆，让人们配合你。此外，本书还叙述了一些真实的故事，并设置了一些练习引导你运用书中讨论过的观点。

# PART 1

# 获取真相的六项技能

# Chapter 1 什么是“真相”？

得到真相的唯一途径就是另一个人愿意说出来。

The only way you’re going to get the truth is if it comes willingly from the other person.

——埃里克·马多克斯

美军询问官，他通过询问追踪到了萨达姆·侯赛因（Saddam Hussein）

情报专业人员有责任和义务向当权者讲真话、说真相。对于美国中央情报局或英国军情六处（MI 6）[1]的官员们来说，“当权者”就是国家元首，其决策会影响数百万乃至数十亿人。在企业环境中，情报专业人员要向高层管理人员进言献策，其决策会影响整个公司的工作和收益。

像那样的人在与“当权者”开始谈话之前最好就知道什么是“真相”。于是，我问了许多情报专业人员他们怎样定义真相。他们往往会在开始时简单地说一句“你可以查查牛津词典”——“真相就是符合事实或现实”，但是接下来他们就会不约而同地提出真相的复杂性。根据他们所说的，我想用光学术语，将真相定义为白光：当所有颜色混合在一起时，我们看到的就是白光。

真相根植于事实之中，但是个人的想象、信仰和经历会影响我们如何处理这些事实。情感和解释因此成了组成真相的光谱部分。如果我们缺失了一些事实，或者缺失了人对它们的反应，那么真相

[1] 英国军情六处（MI 6，即 Military Intelligence 6），英国陆军情报六局的简称，又称秘密情报局，缩写为 SIS（Secret Intelligence Service），代号 MI 6。与美国中央情报局、前苏联国家安全委员会（克格勃）和以色列摩萨德一起，并称为“世界四大情报组织”。

就不会为我们所获。正如“事实”的反面是“谎言”一样，我们可以将“真相”的反面定义为“无法看到整体”。

因为我们的想象、信仰和经历，人类能够合成思想和观点，且合成方式胜过单纯的计算机式的数据点分析。我们不仅会将数据分类，将它们编排成整齐的栏列，我们还能理清它们的意思。我们用个人独特的方法将事实和观点连接起来，最终抵达真相。

关于这一点有个历史事例多年来一直扎根在我心里，因为那是我听过的在解决问题方面最能启发心智的故事。说到如何制止一些南方州允许种族歧视存在，美国司法部部长罗伯特·肯尼迪（Robert Kennedy）左右为难。许多州和地方法律规定了种族隔离的规则，其中白人和黑人将同乘公共汽车，同用公共汽车站，使用隔离的洗手间和隔离的便餐馆，等等。

随之而来的就是自由乘车者们（Freedom Riders）反对这些做法，并且想要终结这样的种族隔离。1961 年 5 月 4 日，首次乘坐公共汽车的自由乘车运动始于华盛顿。这次和后续的非暴力抗议活动激起了白人种族隔离主义者的愤怒，他们在终点站和公共汽车上将自由乘车运动变成了血腥事件。

罗伯特·肯尼迪需要一个直接的方法阻止该暴力行为，仅是对已知的几种选择进行分析却没有指向任何快速的解决方法。

◎国会方面不可能采取行动，因为国会的大部分民主党成员是南方的民主人士，他们不会违背自己选民的意愿。

◎让法院订立一条制度，要么终止这些示威游行，要么终止那些歧视性的做法，而后者则更为可取，但由于上诉程序，这可能要花上一年的时间，但当下有人正在受伤害，这是个刻不容缓的问题。

◎因为法律和运作方面的原因，动用美国军队也是行不通的。

后来，司法部一位名叫罗伯特·萨洛欣（Robert Saloschin）的律师想起了10年前他曾经读过的一些内容。当时，他初到华盛顿工作，是一位年轻的律师，在美国民用航空局（Civil Aeronautics Board，CAB）工作。他的一部分工作就是阅读1938年颁布的民用航空局运行所依据的法律法规。他想起曾读过有关州际贸易中某个部分的内容，以一种非常概括和笼统的语言，禁止航空公司有任何形式的歧视行为，比如，为A公司运载货物，却拒绝为B公司运载货物。他感觉到，这种语言表达是从规范其他模式的州际运输（铁路、卡车和客车）的早年法律中准确复制过来的。这种预感并不是直觉反应，而是运用经验和想象帮他处理手头各种事实产生的直接结果。

萨洛欣告诉肯尼迪，他也许能找到民用航空局法律中那条相同的条款，而且一字不差。当时国会决定庇护州际公交车，所以找到那个条款只花了5分钟。

萨洛欣是对的。那些用语就在那里，且可以解读为：该法律禁止任何形式的歧视行为。

基于这样的解释，司法部当天就根据州际公交车相关法律的那则条款起诉了州际商业委员会（Interstate Commerce Commission，ICC），命令公交线路在其公交车内和终点站停止歧视行为。为此州际商业委员会大为震惊。尽管他们确实经历过歧视行为，呈现形式多为针对竞争公司提供的服务不均衡，或者在运输货物成本方面财务不平等，但是他们之前从未与种族不平等有任何牵扯。

联邦调查局（FBI）受命进入公交终点站，拍取了卫生间和候车室里“白人”和“有色人种”标志的一些照片。由于证据确凿，1961 年 11 月 1 日，州际商业委员会（ICC）命令公交公司停止这类种族歧视的做法，这个问题由此告一段落。

现在把我们处理信息的方式的思路颠倒过来吧：有时人们处理输入信息的方式会完全地扭曲事实；如果他们的性命取决于一个真相，他们是不会把它告诉你的。这就是有些时候创伤性事件发生之后经常出现的情况，其中的受害者提供了很多“事实”，告诉事件发生的时间、地点和经过，然而与真正发生的事情却极少相符。在这些案件中，个人经历可能会引起情绪极度不安以导致记忆变得不可靠。这种现象是无罪计划（The Innocence Project）工作的核心所在。无罪计划，是一个全国性的起诉和公共政策机构，致力于免除那些被错误定罪判刑者的罪责。

目击证人错误指证（eyewitness misidentification），是全美国范围内错误定罪的最大原因。在大约 75% 的定罪中发挥着作用，而后经由 DNA 检测得以翻案。研究表明，人类的大脑不像磁带录放机：我们既不能精确地记录我们看到的事件，也不能像倒带一样回忆那些事件。

基于这些观察，我断言，讲述事实和扭曲事实都是人类所具有的能力。今天一台电脑能告诉你的事实就是今天你应该能够投票、获得医疗保险和写伟大的小说。讲述事实是人类具备的一种能力，因此要从另一个人那里得到事实，你有时还需要训练有素的人际沟通技能。

埃里克·马多克斯(Eric Maddox)的引言帮助打开了本章的内容，用他的话来说：“得到真相的唯一途径就是另一个人愿意说出来。”

测谎仪不具备人际沟通技能，因此它不能告诉我们真相，只能帮助我们感知事实。

你可以运用这本书中的技巧来分辨谎话和事实，但是你必须以这些技巧为基础才能发现真相。顶级情报专家的许多秘诀就是集中于甄别可靠的信息来源，并与那些人建立相互信任的关系。这些技巧还涉及如何深入信息来源者的内心世界，发现其偏见和动机。最后，他们集中分析手头的内容，及时得出人物、地点、事物和事件多层面、多维度的画面。

要变得精于探查真相，他们的技巧是最基本的。不管你是要在面谈、谈判、调查抑或人际关系的讨论中从某个人那里获得真相，这些技巧都会大有助益。

## // 事实来自于哪里？ //

如果我们拥有的不只视感、触感、嗅感、听感和味感这五种感官，那么我们还需要了解“事实”，它超越了这五种感官捕捉到的东西。

1920 年 8 月 8 日，奥地利哲学家鲁道夫·斯坦纳（Rudolf Steiner）作了一场讲座，题目是“人类的 12 种感官与想象、灵感、直觉的关系（Man’s Twelve Senses in Their Relation to Imagination, Inspiration, Intuition）”。这反映了斯坦纳思想的演进。他认为，这些能力的发展或许让人们能够探索精神世界，就像科学能让我们探索物质世界一样。此外，他认为，发展它们的方法就是协调使用下面 12 种感官——视感、味感、温感、听感、嗅感、语感、触感、平衡感、思维感、自我行动感、自我感（被理解为个性的重要要素）和生命感（对我们存在状态的感知）。

快进至我们刚刚讨论过的感官，你会发现远远不止我们提到的 12 种感官。这个扩大背后的逻辑是每种感官都与一种感知器官相关，而每种感知器官又会接收一些独特的事情。举例来说，视感实际上分为两种感觉功能：感知光线的强度、感知颜色。如果有人半夜闯进你的房子，你所看到的只是一个人影，高大约一米八，在漆黑的房间里晃动。你真的不知道那个人是白人还是黑人，还是像小说《绿野仙踪》里的西方坏女巫（Wicked Witch of the West）那样是绿色的。这个时候你的颜色感官发挥不了作用。

从科学的角度来看，斯坦纳关于平衡感的提法是对的，因为我们耳朵里的传感器让我们能够探测方位，从而给了我们平衡感。

他关于温感的提法也是对的，因为我们有很多神经末梢在致力于感知热度。这对于冷、痛、痒和压力也是一样的。

斯坦纳将自我行动指定为一种特别的感官，这种提法也与现代科学是同步的。博闻网（Howstuffworks.com）上有一篇文章，题目为“人类有多少种感官？（How Many Senses Does a Human Being Have？）”。这篇文章的作者表示：“在你的肌肉和关节中有许多传感器，会告诉你身体的不同部位在哪里，以及肌肉的动作和张力。举例来说，这些感官会让我们在双眼紧闭的时候也能让两根食指触碰到一起。”

在讲述攀登马特洪峰[1]的所有事实时，也就是要将所动用的各个感官都考虑在内，因此除了描述你身在顶峰时瑞士的采尔马特[2]看起来怎么样，还要描述你在垂直移动时身体有怎样的感觉。

简言之，如果你在某一天想象你的身体告诉你的所有感受，你或许能够想到 20 多种明显不同的感官，包括你什么时候有排尿感，什么时候有吃得太多的感觉。而在这些感觉中，我们还没有提到众所周知的“第六感”呢。第六感是指一种直觉能力，无法参照我们的身体感官简单地解释。

那么事实来自哪里呢？我们称之为感官的所有这些数据收集的来源。

在《决断两秒间》（*Blink*）一书中，关于什么构成可感知的现实，

---

[1] 马特洪峰（Matterhorn），阿尔卑斯山峰之一，位于瑞士与意大利之间的边境。
[2] 采尔马特（Zermatt），位于瑞士的瓦莱斯州，有“冰川之城”的美称，位于阿尔卑斯山的群峰之中，是世界著名的无汽车污染的山间旅游胜地。最独特的是这个城中没有汽车只有电瓶车。

马尔科姆·格拉德威尔[1]为我们增加了一个新的思考维度。这本书的开篇讲述了一个引人入胜的故事，说的是位于洛杉矶的保罗·盖蒂博物馆（J. Paul Getty Museum）购买了一尊雕塑，被认为大约创作于公元前530年。一个科研小组用现代科学工具分析了这座雕塑，耗时14个月，最后宣布这座雕塑是真品。1986年秋天，该博物馆在《纽约时报》的头版头条上高调宣传了这次不同寻常的文物收购，对这一罕见的古代艺术品进行报道，但是五年之后，这个购买得来的雕塑的原真性遭到了质疑。

在此期间，发生的事情并不是那么科学，即只是对观察到的做出分析。1983年秋天刚刚过去不久，当时雕塑首次在该博物馆亮相，众多艺术史学家和其他艺术专家第一次目睹了这座雕塑。他们的反应充其量可以说介于怀疑和批评该艺术品原真性之间。

他们没有像博物馆的科学专家们做的那样使用电子显微镜、质谱分析法、X射线衍射、X射线荧光来得出结论。他们只是用肉眼仔细打量那件艺术品。在这个故事的总结中，作者格拉德威尔提到了四位世界知名的艺术专家，他们看完之后立即鉴定这座雕塑是赝品。

当弗德里克·西利（Federico Zeri）、伊芙琳·哈里森（Evelyn Harrison）、托马斯·霍文（Thomas Hoving）、乔治斯·东塔斯（Georgios Dontas）和其他别的专家看了看那个青年塑像，然后就感到“直觉上

[1] 马尔科姆·格拉德威尔（Malcolm Gladwell），出生于英格兰，在加拿大长大，后居纽约市，曾是《华盛顿邮报》商务科学专栏作家，目前是《纽约客》杂志专职作家。2005年被《时代》周刊评为全球最有影响力的100位人物之一。2005年，他的两部作品《引爆点》（Tipping Point）和《决断两秒间》（Blink）同时位居《纽约时报》畅销书排行榜精装本和平装本第一名。其文章喜欢以小见大，富有创意。

的排斥”。在看的前两秒钟内，在那一瞥间，对于那座塑像的精髓，他们理解的比盖蒂博物馆的科研小组研究14个月之后理解的还要多。

格拉德威尔所描述的迅速直觉反应，是对多种感官经历的一种瞬间处理，而盖蒂博物馆的科学小组则是较为缓慢的处理。将这两种结合起来，你会意识到，一桩事实之中会掺入多少信息，比如，一座雕塑到底是真还是假。

## // 想象、信仰和经验如何形成真相？ //

我们认为是真相的事情会调动至少三个相关元素：想象、信仰和经验。

### 1. 真相和想象

想象是一个宝贵的礼物，能够让我们探索生活中的许多“如果……将会怎么样”的假设。身为独立的个体，说到我们考虑事情如何以想象和逻辑为基础，我们都在一个连续统一体上。

一些精神病学家用赫伯特和大卫·施皮格尔（Herbert and David Spiegel）父子团队设计的一个简单测试，来测定一个人处于这个连续统一体的什么位置。赫伯特·施皮格尔现在已经去世，他曾是哥伦比亚大学精神病学临床教授，最知名的可能要数他对一位名叫西比尔（Sybil）的多重性格女患者的治疗。大卫·施皮格尔是斯坦福大学精神病学系的副主任。在催眠术的临床使用方面，父子二人都取得了世界知名专家的地位。

正是他们对催眠的关注促使他们开发了这个测试，用于测定一个人会有怎样的“恍惚”倾向，也就是某个人会多么轻易地如白日做梦一样幻想，任由想象牵着走，暂时将逻辑和现实搁在一边。这个测试有助于临床医生评估一个人的空间意识、时间感知、神话-信仰的前提，以及处理事情的风格。它会提出很多问题，比如：“当你在剧院观看话剧或看电影时，你曾经因为沉浸其中而在落幕之后花几分钟重新调整吗？”

“这种能力对探讨真相很有意义，因为能让思绪进入“如果……将会怎么样”的模式是一种能力。为什么很多人信奉阴谋论呢？这种能力就是弄明白这个问题的途径之一。如果你对这里的“很多人”心存任何怀疑，可以考虑研究一下《阴谋论与大众舆论的偏执风格》（*Conspiracy Theories and the Paranoid Style of Mass Opinion*）。这篇文章于 2014 年 3 月发表在《美国政治科学期刊》（*American Journal of Political Science*）上。芝加哥大学的研究人员埃里克·奥利弗（J. Eric Oliver）和托马斯·J. 伍德（Thomas J. Wood）对公众支持阴谋论这件事的性质提出了史无前例的看法。他们总结说：“我们利用具有全国代表性的四个调查，抽取了 2006 年到 2011 年之间的样本，最终我们发现，有一半的美国公众始终如一地赞同至少一种阴谋论……对比许多理论推测，我们并没有发现阴谋主义是更为强大的独裁主义、蒙昧无知和政治保守主义的产物。”

他们断定，人们极有可能因为愿意相信看不见却刻意策划的力量而支持阴谋论，而且他们喜爱善恶相斗的故事。换句话说，他们正在讨论施皮格尔属于可能贴上“有恍惚倾向”标签的哪一类人。这种人拥有产生想象以神游物外的能力。

在为美国国家电台（National Public Radio）评论该项研究的时候，美国国家电台的社会科学记者尚卡·韦丹塔姆（Shankar Vedantam）补充了另外一个观点，解释为什么美国人如此倾向于信奉阴谋论（可能美国人尤其如此）。

关于人们信奉这些阴谋论的陈词滥调，无非就是他们没有受到良好的教育，或者受迷信思想的支配，或者是党派之争。事实证明，这些信仰始终如一的预报器可能是你们大多数人称为“美国全民态度”的某种东西——对个人主义的信仰和对权威的不信任。而且所有这些合在一起转变为渴望避免受到秘密强大力量的控制。

美国联邦调查局前督导特工大卫·梅杰（David Major），是白宫国家安全委员会（National Security Council Staff）反情报、情报和安全方案（Counterintelligence, Intelligence and Security Programs）的第一任主管。他从补充的角度解释了原因："人们愿意相信阴谋，是因为干出震惊朝野之事的他们"都是"穷凶极恶的不法之徒。我们不知道'他们'是谁，但如果我们知道'他们'是谁，很多问题就能得到解决了"。

头脑中有这些想法，我们就能更深刻地理解为什么大多数人信奉阴谋论，但即使大部分人信奉这样的理论，也不会把它抬升到真相的地位。有这种质疑阴谋论的意识和技巧，对一心追求真相的人来说至关重要。

在美国历史上，最持久的阴谋论之一与约翰·肯尼迪总统遭人暗杀有关。在暗杀总统事件 50 周年到来之前，盖洛普咨询公司（The Gallup Organization）[1] 进行了一项民意调查，结果发现，61% 的美国人认为除了李·哈维·奥斯瓦尔德（Lee Harvey Oswald）还有其他人也牵扯其中。这一数据确实比之前高达 81% 的数据下降了很多，那是盖洛普在 20 世纪 70 年代和 21 世纪早期两次调查中报告的结果。

要解释，至少在一部分上解释我们是如何走到"错觉"这一步的，

[1] 盖洛普咨询公司，由美国著名的社会科学家乔治·盖洛普（Gallup GeorgeHorace, 1901—1984）博士于 20 世纪 30 年代创立，是全球知名的民意测验和商业调查 / 咨询公司。盖洛普公司在长达数十年的时间里，用科学方法测量和分析选民、消费者和员工的意见、态度和行为，并据此为客户提供营销和管理咨询，取得卓越的学术和商业成果，处于全球领先地位。

参见俄罗斯伪造情报的技术非常重要。在过去的几年里，我采访过情报界的许多人，而且他们一致认同俄罗斯情报机构对虚假情报运用老道，将其作为他们所谓的“操纵游戏”的一部分。这种让人们将虚假信息当作真信息接受的能力并没有随着 1991 年苏联解体而减弱。它是克格勃（KGB，前苏联国家安全委员会）继任者——俄罗斯联邦安全局（FSB）的显著特征。

一种广为流行的推测认为，肯尼迪暗杀事件是包括美国中央情报局在内的右翼阴谋集团导致的，这与俄罗斯人有什么关系呢？他们首先提出了这个推测。在肯尼迪暗杀事件发生时，克格勃已退休的少将奥列格·卡卢金（Oleg Kalugin）正在纽约，他以莫斯科电台（Radio Moscow）记者的身份参与联合国开展了间谍活动和政策误导的工作。他说：“我们收到了来自莫斯科的一封电报，明确表明，我们要宣扬右翼势力憎恨肯尼迪，而且他们杀害了他……全都是关于将这件事归咎于美国人——中央情报局和联邦调查局。‘他们都在背后干这件事’就是苏维埃的方针。”

提出这一推测的第一本书是《奥斯瓦尔德：暗杀者还是替罪羊？》（*Oswald: Assassin or Fall Guy?*），作者是约阿希姆·乔斯顿（Joachim Joesten），由一家英国公司首次出版。维克托·珀洛（Victor Perlo）则为《纽约时报》审查这本书的人，这就让这本书更具可信度了。乔斯顿和维克托·珀洛都是克格勃的工具。托马斯·包哈德（Thomas Boghardt）曾是国际间谍博物馆以前的历史学家，在他的文章《积极的措施》（*Active Measures*）中，他付出大量努力研究了苏联更广阔的环境和俄罗斯在近现代史上的假情报活动。这篇文章可以在间谍博物馆的网站上下载。

因此，数百万人接受了克格勃创造的这个阴谋论，并且经过像电影制作人奥利弗·斯通[1]那样一些人流传开来。他们认为这个阴谋论就是事实，而且任何数量相反的证据都不可能动摇他们的看法。事实上，就像尚卡尔·韦丹塔姆（Shankar Vedantam）在美国国家公共电台（NPR）所做的评论一样，在面对反驳一个阴谋论的事实时，相信这个阴谋论的人往往会扩大这个阴谋论的范围：

阴谋论是你信奉的一个理论，无论有多少反驳的证据摆在你面前，你都会以某种暗示将那些反驳证据变成阴谋的一部分。举例来说，说到巴拉克·奥巴马的出生证，当这个出生证从夏威夷开出来的时候，那些认为奥巴马不是在美国出生的人会说现在夏威夷医院也卷入了这个阴谋。

## 2. 真相与信仰

当你细想《旧约圣经》首卷中的这一段时，问问你自己它在多大程度上对你来说是真实可信的：

在上帝创造的所有动物中，只有蛇是最狡猾的。蛇问女人："上帝真的说了'你们不应该吃园子中任何一棵树上的果子'吗？"女人对蛇说："这个园子里树上的果子我们都可以吃，但园子中间那棵树上的果子要除外。上帝说过了'你们不要吃也不要摸，否则你们会死。'"蛇对女人说："你们肯定不会死的！因为上帝知道，在你们

---

[1] 奥利弗·斯通（Oliver Stone，1946 年 9 月——），美国著名编剧、制片、导演 、演员，1991 年他执导了电影《刺杀肯尼迪》，改编自美国历史上的肯尼迪遇刺案，通过翔实的史料和经络分明的剖析，给观众呈现了隐藏在历史事件背后的政治黑幕，《刺杀肯尼迪》因此成为美国最具争议的电影之一。

吃果子的那一天，你们的眼睛就会睁开，而且你们会像上帝一样，知道善良与邪恶。”这个时候女人看见那棵树上的果子好看又诱人，它能让眼睛得到好处，还能让人变得有智慧，于是她就摘下果子吃了起来，还把她的给她丈夫吃，于是他也吃了。后来，他们两个人的眼睛都睁开了，于是他们知道了他们都赤裸着身体。因此，他们把无花果树的叶子编织在一起，遮盖住他们自己的腰部。

如果只从字面意思阅读《圣经》，你会相信一条蛇跟一个赤裸着身体的女人讲话，并游说这个女人去做某件坏事是一个事实。对你来说，那就是真相。如果你从更深的层次理解这段文章，你会发现人类在诱惑面前往往无力招架，因此我们最好仔细斟酌自己的选择，否则我们会失去很多。从字面意思读文章的人也可能会同意从更深层次理解这篇文章的人。他们会认同这个真相，因为它捕捉到了人类意志的脆弱性。但是，他们可能不认同“一条蛇和一个赤身裸体的女人说话”这句话中有真相。

我并不确定蛇是否从没开口说过话，尽管逻辑告诉我那是不可能的。如果对真相的严格考验在于它是否反映事实，那么讨论的关键就在于一些宗教信仰是否应被贴上“真理”的标签。

两个人对真相的看法存在不同，不是简单的逻辑问题。也就是说，这个问题不能简单地解释为蛇到底会不会说话。分析性思维能暂时削弱宗教信仰，即使对虔诚的信徒也是有用的，虽然这一点好像是真的，但美国加州大学洛杉矶分校（UCLA）进行了一项研究，研究人员们表明，在对什么是真的什么不是真的方面，真实的和非真实这两方面的看法上，宗教信徒和非信徒的观点事实上有很多共同点。这项研究由萨姆·哈里斯（Sam Harris）、尤纳斯·卡普兰（Jonas Kaplan）及其同事共同开展，是第一次从大脑这一层面的角度比较宗教信仰和普通信念。

直到20世纪早期，我们才有了极其少量确凿的证据，也就是大脑科学，以继续判定宗教信徒和非信徒在评估何为事实的时候是否有差异。随着机能性磁共振成像的出现，现在我们可以看到活动中的大脑图像，并看到在处于相信或不相信状态的时候，大脑会做出怎样的反应。事实上，在我们的大脑中，有一个“信仰发生”的地方，它会反映出人是相信耶稣基督是上帝的儿子，还是相信埃里克·克拉普顿（Eric Clapton）是现在还活着的最出色的摇滚吉他大师。描述大脑活动的另一种方法，是说我们相信某件事的能力并不是受内容驱动的，在这个意义上，宗教信仰在大脑扫描中并没有显示出与政治或文化信仰有任何区别。

结果就是：我们神奇的大脑决定什么是真的，而不管内容是什么，你有没有宗教信仰真的并不重要。人类大脑的生物学给了我们基本相同的能力，将某件事奉为真相，因为，不管出于什么原因，我们恰巧就相信那是真相。一个人相信住在隔壁公寓里的人来自另一个星球，因此，在被问到他的邻居是不是外星人，他的回答竟然能够通过测谎仪。

萨姆·哈里斯断言，这一发现可能有一天会赋予我们一些工具去进行“信仰检测”，方式类似于我们现在进行的“谎言检测”一样。这是对判定你听到的是否只有真相的另一层分析。

## 3. 真相与经历

温迪·阿伦森（Wendy Aronsson）是一位精神治疗医师，一直从事个人、夫妻和家庭咨询工作，已超过25年了。她听到过许多“真实的故事”，但不太符合她所认为的真实的情况或感情。然而，为了帮助人们，她需要尊重一个“事实”——那些是他们“真实”的故事。阿伦森是《重新用羽毛装饰空巢》（*Refeathering the Empty Nest*）一书的作者，如果她对一对夫妇的故事吹毛求疵，那她就无法建立必需的信任，与他们展开富有成效且有治疗效果的会谈。这些关系中的痛苦要求她专注地倾听，并将故事中的细节关联起来，而不是成为主导。

阿伦森解释说：“两个人可以看着同一件事物但他们描述出来却大相径庭。他们各自的事实不同，那是因为他们带到桌面上来的经历不同。”尽管对个人视角的这种理解可能对执法不是很适用，但对于像阿伦森这样的专业人士重要且有效。

这就是说，遗漏或扭曲一些重要的事实会削弱她提供帮助的能力。因此，在任何会谈过程中都会有平衡举措：一个治疗师能接受客户所说的内容到什么程度，会受治疗师了解事实到什么程度的影响，而这是治疗师可以真正帮助那个人的唯一途径。

特雷弗·克劳（Trevor Crow），也是一位治疗师，他提供了一个很好的例子，说明经历如何塑造真相。这是戴安娜和迈克的故事，他们对她朋友的看法几乎让他们分道扬镳。戴安娜将曾对她做过剥削甚至虐待之事的几个女人真诚地视为朋友，而迈克则截然相反，认为她们强烈地想要迫害他和戴安娜。他们都非常坚持各自所认为的真相。

当特雷弗告诉他们关于一对蝎子和青蛙的故事后，接着又探讨为什么说戴安娜是青蛙时，戴安娜的“真相”便土崩瓦解了。那个故事是这样的：蝎子骑在青蛙的背上，渡过了一条河。过河之后，蝎子蜇了一下青蛙的脑袋。青蛙临死前，痛苦地抽泣着问：“你为什么那样对我？”蝎子回答说：“因为我是蝎子呀，你这笨蛋！”

戴安娜迅速意识到的是她那个恃强凌弱的姐姐，她得到了母亲绵绵不断的偏爱，曾经让戴安娜习惯了将“接受现状”等同于“保持和睦”。一旦迈克理解了戴安娜的“真相”，他就向她靠拢了一些。皆大欢喜的结局是，他们同舟共济，以同样的方式看待她那几个剥削人的朋友和她们的古怪姿态。他们共同的经历改变了他们，他们俩现在认为这才是“真相”。

个人经历如何影响一个人处理事实的方式还有很多常见的例子，与约会、吃饭、开车和其他日常活动有关。女主人问：“你为什么不吃羊排呀？”你回答说从来没有吃到过你喜欢的羊排。那么，这次交流的真相就是那些羊排不好吃吗？不，事实是，你从没吃到过你喜欢吃的羊排，而真相就是，你可能会喜欢做得恰到好处的羊排。

## // 那么什么是真相？ //

真相体现为收集到的事实，是感官输入的结果，但它还要抓住信息碎片之间的各种关系。

现在有两个事实，马克（Mark）在新奥尔良工作，他周末要飞回费城的家。如果你不知道其他任何信息，你可能会得出结论，他讨厌新奥尔良，思念费城。真相是，他喜欢新奥尔良，但他的妻子不会带着孩子们搬到那里，因为她的社交圈子在费城。所以，每个周末，他都要离开他想称之为家的地方，回到他一点儿也不喜欢的那个城市。在这个故事中，真相最基础的元素是这个人的感情。

真相的基础存在于现实之中。一个人的想象、信仰或经历都有一种力量，要么照亮现实，要么让现实难以看清。

# Chapter 2 审查信息提供者

正直是告诉自己真相，而诚实是告诉别人真相。

Integrity is telling myself the truth.

And honesty is telling the truth to other people.

——斯宾塞 · 约翰逊（Spenser Johnson）

《谁动了我的奶酪》的作者

新闻报道常常提出一个问题——“谁说的是真相？”在撰写本书期间，有三个人每天都会在新闻中露面，而且会有数百万人向他们提问。“我们可以相信他吗？”这是一个重要的问题，因为新闻人物的一举一动都会影响到全世界许多地方的人们。

一些人会就他们发表的声明提出比较深刻的问题，比如“他相信自己说的话吗？”那就是说，那个人认为自己在讲实话吗？

这三个人就是爱德华·斯诺登、巴拉克·奥巴马和弗拉基米尔·普京。他们三个人的一言一行产生了广泛的影响，基于此，我决定在这里讨论一下他们。当说到像这样突出的个人时，我们都会想处于一个位置去审查这位信息提供者。我们可以运用批判性思维，并结合情报专家用于解读人心的技巧，来实现这一点。

说到爱德华·斯诺登，下面这个核心事实是无可争议的：他向媒体透露了美国国家安全局（National Security Agency）描述监听活动的秘密文档。这些文档涉及国内和国际监听活动，并因此影响了全世界对美国收集情报方式的舆论（在这个背景下，我将情报定义为有政治、地缘政治和军事价值的一些东西）。

斯诺登的所作所为已是无须争议的事实，与此相反的是，他所陈述的真相，还有后续发生的事情引起的争论。关键问题包括“他是否就自己的担忧试图努力改变国会或政府中的任何人；他首先要采取措施确保不会有人因为这些文件泄露而受到伤害；以及他最终为什么会逃到俄罗斯。”对这些问题的争议上升为一些相互矛盾的头条：

“爱德华·斯诺登：检举者还是叛国者？”

（半岛电视台 Al Jazeera，2014 年 6 月 8 日）

“美国前副总统阿尔·戈尔称，爱德华·斯诺登的泄密行为是‘一项重要的贡献’。”

（《卫报》*The Guardian*，2014 年 6 月 10 日）

“美国人对斯诺登的唾骂多于支持。”

（《NBC 新闻》NBC News，2014 年 6 月 1 日）

“众议院议员不会轻饶斯诺登。”

（美国政治新闻网站 Politico，2014 年 5 月 22 日）

“斯诺登泄露事件伤害了美国大众。”

（《时代周刊》*Time*，2014 年 6 月 9 日）

这里对于为什么媒体和公众对这个案件中的真相如此轻易就采取截然相反的观点，提供了一些启发。在新闻主播布莱恩·威廉姆斯（Brain Williams）为美国全国广播公司（National Broadcasting Company，NBC）对斯诺登进行的采访中，斯诺登应付了一些批判性的“是或不是”类的问题，如下所示：

威廉姆斯：“就你所知，你提交给记者媒体的文件没有任何东西会对美国国家安全造成重大损害或威胁？”

斯诺登：“没有任何公布于众的东西会损害公众利益。”

在那次采访的这部分之后，威廉姆斯立即在评论中说：“注意，斯诺登并没有否认移交军事机密文件。”在这么说的过程中，威廉姆斯强调了斯诺登没有用简单的“No”来回答问题的事实。因此，很有可能他给媒体的文档有损美国国家的安全。

后来，威廉姆斯问道：“在你看来，你自己是无可指责的吗？当你看这件事情的时候，你只是做了一件好事呢？或者，对你而言，还是你的所作所为是一项公共服务呢？”

斯诺登说：“我认为两者兼有吧。”

对于又一个“是或不是”类的问题，这是一个耐人寻味的回答，因为这里的“两者兼有”到底指什么并不明朗。更深一些说，关于什么是正确的和什么是合法的，斯诺登对这两者差异的回答看起来是提前准备好的——这是一个圈套，可展开讨论“公民违抗的民主”的价值。

在爱德华·斯诺登的这个例子中，依据被贴上“真相”标签的内容，而听者（观众）的观点却大相径庭。在某些人看来，如果斯诺登以某种方式服务了公共利益，即使违反了美国反间谍法（American Espionage Act）也是有道德的行为。而对另一些人来说，斯诺登违反了该项法律，且因为该犯罪行为产生了消极的影响，应该抵消泄露机密文件可能带来的任何公共利益。在前者看来，真相是斯诺登是一个爱国者；而在后者看来，斯诺登则是美国的叛国者。

但更深层次的问题来了——“他自己认为他说出了真相吗？”这

是能够得到更为确切回答的一类问题。这也是学习如何调查信息提供者的过程中练习的核心。在本章的后面部分，介绍了欺骗的语言和非语言指标。在那个讨论部分，我会回到布莱恩·威廉姆斯对斯诺登的采访中来。

现在转到美国总统巴拉克·奥巴马，我们首先应该承认，很可能近代的每一个美国总统都有误导甚至公然虚假陈述的过错（我敢这么说，意味着我们有视频和副本经得起认真严格的事实核查）。那么现在的问题是这样的：他讲的是他认为是真相的事情吗？还是他故意用伪造真相的语言以获得政治利益或确保其政治生存？

这是倾向性新闻报道者可以帮我们审查信息提供者的一个时机。这些记者公开支持一个观点或看法，并发布新的分析，澄清那些偏见。但倾向性新闻报道者对动摇真相和阐明真相都起很大的作用。有时，一个尖锐的观点会扭曲事实，并会加入一些胡编乱造的数据。还有的时候，倾向性新闻报道者确实捕捉到吉光片羽（例如，一项新法律或法规对特定人群的影响），是那些所谓“客观的”记者们完全错过或选择忽略的。对于心思细密的听众或观察者来说，他们提出的问题能够让一个人审查那个信息提供者。

2012 年 9 月 6 日，奥巴马在民主党全国代表大会上作主旨发言，美国总统的陈述混淆真相的一个好例子由此浮出水面。奥巴马和想要相信他所说的话中的精神和实质的那些人都遭到了批评。批评锁定在奥巴马的一些断言上，诸如“我们对可再生能源的使用已经翻番了，而且今天成千上万的美国公众从事的工作都是在建造风力漩涡机和长效电池。”

这个陈述真的是事实吗？奥巴马相信这个数据吗？

《华盛顿邮报》在其 2012 年 9 月 7 日对那次演讲发表的一篇文章中给这个陈述贴上了“真实，但有个大大的‘但是’”。文章是这样的：

根据《时代周刊》杂志的资深国家通讯员迈克尔·格伦沃尔德在推特网（Twitter）上指出的，这种方式会低价出售在奥巴马的领导下绿色能源正在发生的一切。风能是翻了一番，但太阳能增长超过了 600%。有 8.5 万美国人在从事与风能相关的工作，而在 2010 年，有 5918 人为电动汽车和其他可再生能源项目的电池生产而工作。

与此相反，Politifact.com（2007 年 8 月由《坦帕湾时报》*Tampa Bay Times* 创办）给这个陈述贴的标签是“多半是假的”。他们对“多半是假的”的定义是：“该陈述包含了真相的元素，但忽略了会给人不同印象的重要事实。”

相对奥巴马的陈述，他没有考虑进去的一些事实如下：

◎利用风能的净发电量在 2008 年至 2011 年之间翻了一番还要多。

◎利用太阳能的净发电量在同一时期翻了一番还要多。

◎在 2012 年的前五个月中，美国利用风能产生的电量比 2008 年一整年还要多。

这些都是可证实的统计数据，来源于能源信息管理局（EIA，Energy Information Administration），一个收集能源数据的联邦机构。

Politicifact.com 认定奥巴马的陈述“多半是假的”。这并不是说奥巴马关于风能和太阳能发展趋势信息的陈述是错的，而是总的来说他用了错误的词来描述可再生能源的发展趋势，因而致使其提出的报告不准确。

可再生能源也包括水电、地热电站和某些生物质能源。根据politifact.com 的观点：

如果你把它们全都换算成英国热量单位（Btu）放在一起，2011 年的风能占所有可再生能源的 11%。那不是包括煤、石油和天然气在内的所有能源产量的 11%，而只是可再生能源产量的 11%。而且太阳能占的比例甚至更少，它大约占所有可再生能源产量的 1%。

从所有类型的再生性能源发电量可看出，在 2008 到 2011 年之间其增加量并没有翻番，而是增加了 55%。

为 Politifact.com 撰稿的《海湾时报》（*Tampa Bay*）的记者和研究人员进一步指出："能源和电力是不一样的东西，不是所有可再生能源都是用来发电的。"额外考虑到这一点，可再生能源的影响就降得更低了："从能源信息管理局的数据和估计来看，兆瓦时增加了大约 25%。"但提到电力的并不是奥巴马，是能源信息管理局的发言人为他的陈述辩护，并提出了电力的发展。

简言之，你判定奥巴马是否认为他自己说的是真相，得取决于下列情况：

◎关于这个主题，他是否有可靠的顾问；

◎在准备演讲的时候，他是否就这个主题问了合适的问题；

◎他是否理解可再生能源方面的科学和经济学知识。

此外，还存在一种可能，那就是奥巴马认为这个观点"足够正确"才使用的，他之所以决定这样做，是因为它会让他的听众和选民产生共鸣。

这个例子的价值在于，在确定一个特定的人在特定的时刻是否说了真相的时候，有不知多少种变数。和斯诺登的例子一样，用肢体语言之类的工具分析，可以揭示那个人是否相信他自己说出来的话。

最后，快速看一下俄罗斯总统普京给我们的更加明显的例子，证明有人会显著地遗漏一些事实，再辅以精心挑选一些事实，以呈现某些事情，而且他希望受众将之作为真相来接受。

在 2014 年举办的索契奥运会之前，普京要陈述俄罗斯境内的权利平等情况，于是派遣待在许多国家的核查员连忙调查全球同性恋者权利的可靠信息。在美国广播公司的《本周》（*This week*）栏目（2014 年 1 月 19 日）和其他媒体的采访中，普京发表了颇具争议的陈述：虽然在世界上的 70 个国家同性恋要负刑事责任，但在俄罗斯，不论宗教、性别、种族，或性取向，所有人都是平等的。

从技术层面上讲，普京在很大程度上是正确的，因为尽管有 70 多个国家法律明文禁止同性恋，但是同性恋在俄罗斯并不是犯罪。然而，他的断言并没有抓住俄罗斯同性恋生活的实质：在俄罗斯，雇主可以解雇同性恋；同性恋夫妻不能收养孩子；女同性恋者不能通过人工授精生孩子。

2013 年 6 月，普京亲自签署了一项法律，即禁止“宣传同性恋（homosexual propaganda）”，表面看来这是在“保护”未成年人。该法律涉及范围很广泛，足以让像“同志自豪游行（Gay Pride Parade）”之类的活动不可能，推测起来是因为游行路线的两侧可能会有孩子。想到类似这样的事实，人们必定会得出结论：普京刻意矫饰了他的陈述，以欺骗听众和读者。

已退休的少将奥列格·卡卢金（Oleg Kalugin）是前最高克格勃（KGB，即苏联国家安全委员会）官员，他的话证实了这个结论："没有普京的同意，今天的俄罗斯什么都做不了。他掌控着一切。"

所以，不要把你读到的或听到的事奉为信条，即使信息提供者是备受尊敬的国家元首。记住，即便是像教皇那样神圣的领袖，也会犯错。

## // 信息的类型 //

信息有很多种类型，我们可以将其分为：描述型、轶事型、统计型和自以为是型。

**描述型信息：**这类信息描述人物、地点和事件，比如告诉你如何去做一件事。下面的这些描述性信息片段来自 Snopes.com 网站的医疗版块：

◎医生通常会建议人们，在心脏病发作时试图有节奏地咳嗽，以增加活命的概率。（错误）

◎购物车的把手充满了细菌。（正确）

**轶事型信息：**这类陈述会传递关于一件事或一个人比较简短的故事。在下面的例子中，轶事型信息涉及 2001 年 9 · 11 恐怖袭击事件之后那些日子里的战争谣言：

◎有三个人用塑料薄膜和胶带把他们的家密封起来，之后因为窒息而死。（正确）

◎有一批 UPS 制服失踪，据推测，已经被恐怖分子偷走。（错误）

**统计型信息：**数字资料应该归到这一类型。广告商和政客是经常玩弄数字的两类人：

◎ 2014 年 1 月 26 日，在 CNN《联邦》（*State of the Union*）的采访中，参议员兰德 · 保罗（Rand Paul）在批评奥巴马为小企业贷款提供担保的项目时，说："奥巴马总统理解错误的是十之八九的生意会失败，所以 10 次有 9 次，他都会把项目给错人。"

◎根据网站 Smallbusinessplanned.com，在研究小型企业的成功率时考虑了三种不同情况，实际上小型企业四年后的失败率是 50%。随着时间的推移失败率会下降，但 90% 的失败率是错的。

**自以为是型信息：**即使信息捕获了一种观点，有时也会被贴上“错误的”标签，因为说这个话的人并不真的持有那种观点：

◎“我认为这种颜色很适合你”就是一个自以为是型信息的例子，可能事实并非如此。

◎这样的话通常更加自以为是：我相信，我们能赢得这场战争。

现在，让我们看一下所有信息的类别。记住，你要审查信息的来源。仔细审查的关键方面在于动机和陈述。

### 动机

各种类型的信息都可能受信息提供者动机的影响。在审查信息提供者的过程中，最重要的是确定那个人为什么想给你这样的信息。那个人是想卖某个东西？想教育别人？希望能给你留下深刻的印象？还是想要将信息交换最小化？

在《完美捕猎》（*Good Hunting*）一书中，作者杰克·迪瓦恩（Jack Devine）描述了中央情报局（CIA）历来招募并控制特工以清楚了解其动机（一个有间谍背景的特工能秘密为 CIA 提供信息）。迪瓦恩是前业务副主任，他负责中情局所有的间谍活动。他告诉我们，购买信息确实是帮助弄清楚信息提供者动机的一种方法。

一个总的工作原则是，我们挑选的对象都已知道获取我们所需信息的渠道。因此，我们从一个很强的位置开始，因为信息提供者不会通过创造信息来获得报酬，他有办法。此外，我们招聘的大部分人开始时比较认同美国的意识形态。其中许多人对自己国家的政治体系要么不认同，要么曾经受到过伤害。金钱是一种催化剂，而不是信息提供者最看重的东西。另外，大多数线人都有职业道德。金钱对他们很受用，并且他们试图收集优良的信息继续赚钱。但如果有人插手其中（出现在大使馆而且志愿服务的人）或实行双线人，就会出现虚假信息或错误信息的问题。

**陈述**

几种类型的危险信号可能出现，这应该使你意识到要更加深入地了解，或保持怀疑态度。其中一些主要属于描述型或轶事型信息，其他的更接近于统计型信息。最后，谈到自以为是型信息，它本身就是触发你体内测谎器的理由：那个人的陈述会告诉你他把事情夸大了多少。

下面两部分提供了语言和非语言方面的指导。相应地，信息提供者的陈述本身可能就有缺陷。

## //语言中的危险信号//

### 描述型或轶事型信息

大卫（David）为联邦调查局的反间谍部工作，主要就是识别并干掉监视美国的人。其中 8 名主要负责人是 CI 中心（CI CENTRE）现在的领导，他们在许多反间谍课上教人们如何识别危险信号。这种课程包括为期五天的资产确认，这个过程帮助客户衡量信息提供者的意图和准确性，以及他们所得信息的真实性。用外行人的话说，我们现在讨论的是审查信息提供者。大卫教育学生主要考虑下面几项要点中的前两项。其中第三和第四项来自吉米·派欧（Jim Pyle），美国前陆军审讯官和《超级询问术：如何通过交谈获得你想要的任何信息》（*Find Out Anything From Anyone, Anytime*）的合著者。你会发现，后面的章节会阐述这些危险信号，以及与信息提供者打交道的方法。但是要特别注意：这些沟通故障可能不仅仅指身上绑上炸药，跳上开往布鲁克林火车本土的恐怖分子，而且也适用于生活中的任何人。

1. 在信息中寻找异常。任何空白或不规律，都预示着你需要问信息提供者更多的问题。一个常见的例子，也是每个青少年的父母都会遇到的事情。你说，“我们同意你可以到十点才回家。可是直到 11:30 你还没有回家，你到底在干什么？”你的孩子随后口头简述了一下他晚上的活动，却没能完全准确地解释那“失踪的”90 分钟。

2. 如果你提出了一个直接问题，却没有得到直接回答，那就要质疑。直接提问，是任何审讯人员都会用到的最简单也最有效的方法之一。你可能不是审讯人员，但当你需要适时地知道人物、地点或事件的相关情况时，你经常需要直接提问，例如，你可能会问你的配偶为什么他（她）这周5个晚上有4个晚上工作到很晚。如果他（她）的回答绕开了这个直接提问，你完全有理由怀疑他（她）。

3．如果你的信息提供者回答次要信息或者弱化主要信息，就要小心了。也就是说，如果一个人将重点弄错位，你应该对话语的准确性产生怀疑。

陈述某个方面时，如果“主要回答次要信息”就非常关键了，这样就把重点转移了。我的一位作家朋友被指控侵犯了别人的版权，因为他使用了另一个作者书中占用的图表。我的朋友简单地说：“我寻求权限，你也给了，并且我的书对该图表做了恰当的推理。”受损方就想，如果能证明我的朋友违反法律，他会赚一些钱，后来回了邮件，控告她在书中四个地方使用了我朋友自己的电子邮件地址，而这些地方应该包含他的邮件地址。也就是说，他使用找碴儿作为一种谈判策略，通过强调一个小点来转移所谓的重点。

4．与此相反的是弱化重点。在上述版权的例子中，如果我的朋友对原告做出回应，随意去掉书中他认为不重要的图表内容，辩称读者会更加注意自己所讲的故事，他就弱化了重点。

5．看或听动词时态和代词数量的变化。这些是人们可能用到的技巧，无论是有意识的还是无意识的，目的是让你远离一件事、一个人或一种想法。例如，如果一个人一直说“我做了这个”和“我去过那儿”，然后突然切换到“然后我们决定这样做”，你应该想知道“我们”是谁，信息提供者为什么觉得有必要涉及他人。事实上，有可能并没有“我们”。这种情况也是有可能的：换一个复数代词，以解除信息提供者心理上的不平衡，承认一个特定的行动只有他独自一人，会感到不舒服。人们为了归咎于糟糕的决定，经常这样做。

1999 年，有谣言开始广泛流传：兰斯·阿姆斯特朗（Lance Armstrong）使用兴奋剂。1999 年 8 月，他就这一指控第一次公开发表声明。奇怪的是，在这个时候，他开始以第三人称的口吻谈论自己："一开始，人们不喜欢兰斯·阿姆斯特朗有很多原因。或者因为他不能再次参加较高水平的比赛，或者因为他有遭到负面宣传的风险。"

类似地，如果一个人给你讲故事的时候，过去时态突然变成了现在时态，例如——尽管是她自己这样做的——你绝对应该质疑这种转变。举个例子，假设莎拉（Sarah）的老板认为她的工作有过失，因为她失去了一个重要的客户。老板问她，在这个关键的会面中发生了什么事。莎拉（Sarah）说："我和扎克（Zach）告诉客户周四前交货，并且约定在某一次见面时交货。周四到了，我们准备和客户见面时，扎克对我说，'我想知道他们有多关注社交媒体的重要性。'"

## 统计型信息

一看到或听到统计型信息，你就会自动产生怀疑。杰克·迪瓦恩告诉我，这不是开玩笑的，如果中情局的工作人员给他一份有数字的报告，"我不看就给他送回去。"他要求的标准是：不管谁提交的报告，都要回去核实数字或用其他解释来阐明信息的可靠性和价值。

获奖记者格伦·凯斯勒（Glenn Kessler）为《华盛顿邮报》（Washington Post）的《事实核查员》（*Fact Checker*）栏目写稿，他提出了统计型信息方面的技巧，这些技巧特别涉及了兰德·保罗（Rand Paul）援引的“10 个企业中有 9 个”的失败率：

1. 时间范围是什么？两年，五年，还是十年？这有很大的不同。

2.“失败”是否意味着企业因为经济问题而倒闭？失败的数据也包括那些与另一家公司合并而成功的企业吗？

3. 失败率在一些行业和其他行业有不同吗？把所有企业算在一起，失败率是否还有意义？

为了使数据更具有普遍意义，思考一下凯斯勒在这些方面的三个观点：

◎这些统计数据所包含的时间周期问题。

◎对于关键词和关键概念的定义。

◎统计数据所包含的元素组之间的相似点和不同点。例如，美国“有色人种移民”的数据需要一个明确的解释，因为来自菲律宾和肯尼亚的移民可能情况不同，将他们一起统计可能产生失准的数据。

## 自以为是型信息

自以为是型信息至少有两种语言线索：使用修饰语加强观点，使用修饰语把信息提供者和其观点的距离拉开。

带有修饰语的可疑陈述：“我真的非常强烈地相信，如果她没有喝太多酒，是绝对不会对你说那样的话的。”

可疑性变小：“我相信，如果她没有喝酒，她不会对你说那样的话。”

有距离的可疑陈述：“一直以来，我都倾向于一个观点：全球变暖对经济以及我们的健康构成了威胁。”

可疑性变小：“我认为，全球变暖对经济还有我们的健康构成了威胁。”

2008年1月11日，狄巴克·乔布拉（Deepak Chopra）在赫芬顿邮报网（Huffington Post site）公布了一篇文章。这篇文章是作家和生物学家鲁珀特·希德瑞克（Rupert Sheldrake）写的，后者因在诡异心理学领域的贡献而出名。在给乔布拉的文章中，希德瑞克解释了大众如何被同行科学家、著名的无神论者理查德·道金斯（Richard Dawkins）欺骗，而体会到媒体的负面性。如果希德瑞克小心谨慎，从修饰语想到被欺骗，本来可以阻止自身的惨败。

希德瑞克指出，他起初不愿意参与道金斯的纪录片，因为先前《万恶之源》（*The Root of all Evil*）的电视节目弱化了道金斯之外的每个人的思考。希德瑞克由以下电子邮件告知：“生产小组的代表向我保证，他们实际上对事实感兴趣，这部纪录片连续在4频道播放，完全是一件比《万恶之源》更加平常的事情。”她补充道，“我们非常渴望两位科学家就科学的询问模式进行讨论。”

如果你觉得过度说明的短语明显“更加平常”“热心”，事情也应该是这样。制片助理没有直接问清项目——不是和其他节目的不同点，或者小组“热心”的点——都有企图遮掩真相的可能。

希德瑞克后来挑战这个项目的主管拉塞尔·巴恩斯（Russell Barnes），并且向他保证该节目将会是关于科学的简单讨论，巴恩斯要求提供证据。希德瑞克提供了一些电子邮件。他回忆说：“他（Barnes）带着明显的失望情绪去阅读，还说她的保证没有什么用。”

大卫·马约尔（David Major）洞察了这种陈述和行为，还有试图行骗的人：

我们教人们在审讯罪犯时指责他们的犯罪行为（允许他们合理化自己的犯罪活动）。他们如何反应充分暗示了他们有没有犯罪。无罪的人想要站起来走掉；他否认了指控，而且没有什么好说的了；他只是生你的气了。有罪的人会闲逛，他想看看你知道了什么，这就好比玩扑克。他会待更长的时间，和你谈谈。他待的时间越长，说的话越多，他之前犯罪的概率就越大。

## // 非语言危险信号 //

莱娜 · 西斯科（Lena Sisco）提供了肢体语言的基础课程，称作“如何成为肢体语言专家：做一个叛逆者（*How to be body language expert：Be a reble*）。”西斯科是适合集团（The Congruency Group）的总裁，对美国国防部的人员进行培训，涉及审讯、战术审问 / 任务报告、网站运行、诱导、反诱导、跨文化沟通、人类智能（间谍活动）方针、识别欺骗和行为一致等方面。

她创设的术语 REBLE 是五个英语词语的首字母缩写，代表包含了五个步骤的程序，关于如何准确地解读身体语言，并探测欺骗。

这五个步骤分别是：放松（Relax）、建立和谐的关系（Establish rapport）、确定基线（Baseline）、寻找基线的偏离（Look for deviations）以及提取真相（Extract the truth）。

第 3 章主要讲建立和谐的关系，如果当你遇到信息提供者的时候很放松，那你就是把工作做到最好了。出于这个原因，“R（放松）”和“E（建立和谐关系）”将放在一起阐述。第 4 章和第 5 章描述的是提取真相可以利用的一些方法。因此，要完成审查信息提供者的讨论，焦点在于确定基线，以及发现与基线的偏离。

要得到某个人可靠的基线，要在无压力的状态下去研究他。了解他在正常情况下是怎样的表现以及如何发声。关于后者，如果一个人善于言辞，他的基线有一部分可能是单词的发音清晰而准确。而基线偏离可能是突然省略单词末尾的“–ing”，将后鼻音变成了前鼻音“–in”。

“我曾听说，从熟人到美国总统，每个人在有一点不自在的情况下都会这样。是的，这是一个语言的危险信号，但当你听出来的时候，它就是你寻找非语言信号的线索，可以加强你的猜测——信息提供者已经偏离其基线了。”

有些人甚至在放松的时候也会有一些古怪的动作，比如，晃动双脚或眼睛抽搐。这些可能是一个人基线的一部分。所以，尽管你从自己的肢体语言来看认为这类举动不正常，但对于你的信息提供者来说它们可能都是正常的。

从什么地方入手评估基线和发现基线偏离，没有绝对的准则，所以我从眼睛打量到脚趾的做法是很随意的。我现在这样安排的原则是：眼睛最接近大脑，脚趾离大脑最远。

### 眼睛

我们许多人认为，领会眼睛转动的含义是探测谎言的基础技巧。然而，关于如何解读眼睛转动，至少有几个流派。还应该注意到一点，心理学家们并不认同眼睛转动和思维之间有关联，事实上有些人认为这对探测谎言毫无用处。我解读眼睛转动的经验来自对真实世界的观察，所以，我从没像揭露思想和眼睛转动之间存在关系的一些人那样，进行过严谨的科学方案开发的那些试验。但我想说这一点：10 年来我一直在观察人们，并向观众和身体语言学的学生们演示，我见过大量的证据，足以表明思想和眼睛转动之间存在关联。

解读眼睛转动最受欢迎的系统出自神经语言程序（NLP），这是理查德·班德勒（Richard Bandler）和约翰·格林德（John Grinder）在 20 世纪 70 年代创造的一种改进性能和沟通的方法。这个名字本身包含了班德勒和格林德认为有关系的元素：“Neuro”指的是神经或神经系统，“Linguistic”是指语言；“Programming”表明了通过经验产生的模式。

根据NLP理论，自动的眼睛转动通常是特定的思维过程以及使用大脑不同的区域思考的反映。这个观点并非源于班德勒和格林德；他们只是把它发展到了一个新的水平。眼睛转动可能与使用不同的大脑区域思考有关，这个观点要追溯到威廉·詹姆斯（William James）。他在1890年出版的一本书《心理学原则》（*Principles of Psychology*）中探讨过：

在大脑一个特定的区域感知到一个想法或感觉时，眼睛转动就是相应的反馈，表明大脑感觉到了。例如，我不能用视觉思考，无法用眼球感觉压力的波动、汇合、分离……如果我试图记忆或思考，眼球就运动了……感觉就像从外界脱离了。根据我的探测发现，这是源自大脑对眼球向外、向上的实际控制产生的感觉。

用NLP理论来说，詹姆斯描述了“可以看到的眼睛转动线索”，也就是眼球向上移动并移到左边或者右边，是可以看到的。先于班德勒、格林德以及班德勒、格林德之后的研究首次提出的NLP结论，本质上相同的，都表明眼球和耳朵的运动，是人对人、对事沉思或计算的反应。

虽然左/右关系因人而异，但是关键在于寻找大脑一侧用于记忆，另一侧用来想象，即我们谈到的关于眼球或耳朵的线索。眼睛向下意味着有情绪，或在思考。

在下面的这个图片中，记忆和思维的线索都与主体的右边有关：

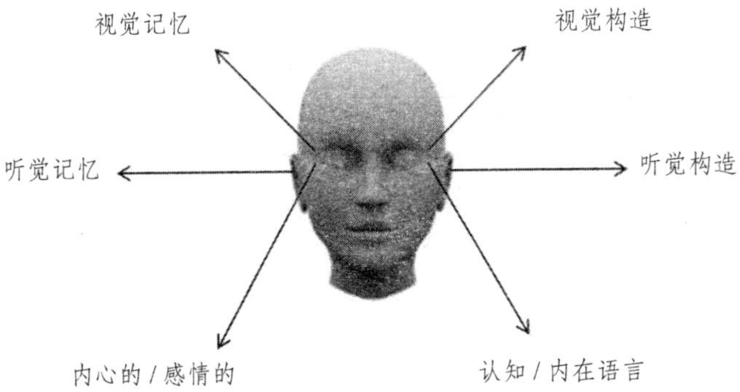


如果你想对人们做非正式的实验，看看他们在回应时眼睛会做出什么样子转动，下面是你可能会问到的一些问题。请记住，我们要以关于眼睛转动的其他观点作为这个信息的基础，所以这不是绝对的测试：

◎你的厨房是什么样的？（视觉记忆）

◎如果你能把自己送往金星表面，那会是什么样的？（视觉构造）

◎你最喜欢的歌开头的旋律是什么样的？（听觉记忆）

◎你觉得小长颈鹿需要母亲时，它的声音是什么样的？（听觉构造）

◎如果失去一个非常亲密的人，你感觉怎么样，比如妈妈、爸爸、朋友？（内心的/情感的）

◎你新买的那辆汽车花了你收入的百分之多少？（认知/内部对话）

虽然我之前说过，我已经看到NLP系统应验了无数次，但是也有一次让我失望了。为了帮助房间里的人们理解发生了什么，我把注意力从 NLP 系统转移到所发生之事的意义上。

简言之，在我所任教的国土安全部高管服务（SES）课上，学生为眼睛转动部分进行配对练习。一个学生像之前一样提问，其他成员回应。我做这个练习时没有提前告诉任何人他们可能会发现什么，我只是告诉观察的人仔细去观察。除了一对让我得到了期望的结果，这肯定了眼睛转动似乎与思维有关。一些人是靠左脑记忆，一些人则是靠右脑记忆等。那一对学生发生的事让我措手不及。观察者描述眼睛转动对她来说似乎是随机的，和她看到的我在幻灯片上展示的 NLP 图表没有任何关联。

这是莱娜·西斯科所警告的一个典型例子："我使用 NLP 理论，但这只是这个事情的一部分。NLP 本身不一定精确。人的眼睛转动有不同的方向——有很多不同的方式"。

SES 课程上的问题是这样的：有没有一个系统能够解读眼睛转动，就像她们（学生）的搭档那样？答案是：有的，但肯定不是 NLP。读懂一个人的方式就是在得出任何结论之前，彻底搞清楚其基线，关于他是否可能产生想象或记忆。观察他讲话时，手和脚都做了什么，面部表情如何。听他说话的速度、选择的语言，以及正常情况下他交流到的其他方面。偏离基线就有可能成为一个人瞎编信息而不是回忆事实的第一个标志。

异常实际上是一个完美的机会，可以强化……在给我们关于一个人诚实性的确切的答案这方面，没有一个阅读的人的系统是百分之百可靠的。这也证明，在阅读身体的其他部位以确定基线和位置偏离的课程方面，这是一个伟大的开端。

### 脸

通过控制面部肌肉来传达情感的能力，应该被认为是符合常理的。有些情绪是非常容易控制的，很容易伪装，尽管一些面部肌肉是能够伪装的，但很少人有伪装的需要。所以为了识别一个人是否偏离基线，现在，我们假设其面部表情可能是正常的。记住基线问题，你将不会把精力集中在某些表情的普遍性上，也就是，保罗·埃克曼（Paul Ekman）认定为人类共同所有的情感：厌恶、悲伤、愤怒、恐惧、惊讶和幸福。相反，关注的焦点应该是能够激活面部肌肉。这也是埃克曼的一个概念，而且声称沟通活动是特定情感的本质体现。作为一个推论，得出自发性控制面部肌肉是可信的这一理论非常困难，如果真是这样，面部肌肉是可以抑制的。

日内瓦大学的一组研究人员测试了埃克曼的理论。他们得出的结论很可靠。他们得出结论，可靠的肌肉“可能确实传达了情感变化的可靠的信息”。但有一个问题：研究人员还得出结论，这些肌肉控制能力是几个情绪共有的，而不只是一种性格特点。

为了满足你发现基线偏离的要求，最重要的是，你看到了以前没有见过的东西，而且信息提供者不能帮助自己。你说的一些事触发了一种无意识的反应。据研究人员介绍，自发的反应可能会传达以下情感之一，可能涉及几种肌肉运动，并且对这些人们无法控制的肌肉运动都做了简单描述，以及它们会做什么，都列在下面：

◎盛怒——嘴唇收紧。

◎恐慌——嘴唇拉伸。

◎喜悦 / 高兴——嘴角上扬。

◎悲伤——嘴角压低。

第 8 章会进一步讨论面部表情，以及当信息提供者试图隐藏某些事情的时候，如何根据情感信息觉察到事实真相。

## 胳膊和腿

在观察胳膊、腿以及与之相连的其他身体部位的过程中，用格雷戈里·哈特利（Gregory Hartley）定义和普及的概念来讲非常有用，包括关于肢体语言和人际技能的：说明行为、调节行为、隔阂屏障和适应行为。

◎说明行为（illustrators），强调陈述或观点表达的动作。

◎调节行为（Regulators），用于调节另一个人的语言的动作。

◎隔阂屏障（Barriers），阻隔在你和对方之间的姿势和物体。

◎适应行为（Adaptors），是释放压力的行为。

人们往往通过胳膊和腿部的动作来说明或强调自己的观点，而这些方式根据其文化规范又有很大的不同。这些风俗和习惯可能是一个国家、一群体、一个社团或一个家庭所共有的。这个群体的大小对行为的影响并不那么重要。与“正常的”相矛盾的“变异”才是重要的，因此，这就是为什么你需要客观地观察一个人才能确定他的基线的原因。举例来说，就因为一个人的姿势表现得比你外向，你就假定他对某种情况很激动，那你就想错了。

所以，对于说明行为，就要在那个人在压力极小或没有压力的时候，注意观察他 / 她手臂的动作，如何站立、双腿交叉等。如果她的表现背离她惯常的行为，可能是多多少少有些表现力的动作，那就表明她不再处于放松的状态。

**调节行为（Regulators）**往往是深思熟虑的运动，用于鼓励一个人继续交谈，试图加快谈话，或者完全停止谈话。处于放松状态的人，听另一个人说话时可能会使用调节行为，比如，在倾听另一个人说话时点点头。再比如，当别人在说话时，一只脚朝向门，这是不耐烦的信号，也暗示出紧张。在这种情况下，当你是说话的一方，在问信息提供者一些问题，这个时候注意观察这个人，看看他是否做了什么动作在暗示："快点！我希望你停止说话，这样我就可以快点离开这里！"

当人们觉得不自在的时候，通常会使用隔阂屏障。观察人们接待别人或其他社交活动的场景，尤其是首次见面，或不太了解别人的情况。你会发现，他们往往双手紧紧握住玻璃杯，并置于身前。当与对方谈话的时候，人们往往会将装有奶酪和饼干的盘子端放在自己的正前方。环顾房间，并观察那些兴高采烈聊天说话的人，那些看起来非常了解彼此的人。他们可能在喝酒，但他们往往一手拿着啤酒瓶，另一只手在做手势，或者把奶酪盘放在桌子上，而那个人可能正在用两只手比画着他在说的事情。

在无数专业的情境中，也会看到这些同样的差异。不管这个隔阂屏障是一个物体，比如手机、笔记本电脑，还是身体姿势，比如手臂交叉放在身前，这个人都表现出一定程度的不自在。在审查你的信息提供者的过程中，注意观察用于阻隔你和那个人的身体姿势或物体有什么变化。

调节行为表现为你不需思考就会表现出来的紧张、自我安抚的一些姿势。它们会让你周围的其他人觉得不自在。但如果问他们，他们也许不能确切地说出为什么觉得不自在。当你问一个人一些问题以确定真实度的时候，即使你已经和他建立了和谐关系，那些问题也可能会让他感觉不自在。这并不意味着你接下来听到的会带有欺骗性，而是这确实意味着你说的话让他的紧张度变高了。

**手指和脚趾**

和面部肌肉相比，四肢与大脑离得更远。因此与嘴巴和眉毛比，四肢更不受控制。如果你想看一个人身体流露出的紧张，看他的四肢吧，因为大多数调节行为与手指和脚趾有关。女性倾向于相对较小的动作，如摩擦指尖，触碰头发，把玩耳环，晃动脚趾。男人可能握紧双手，把笔弄得咔嚓咔嚓响，或者在桌子上敲手指。

格雷格·哈特利（Greg Hartley）告诉我，有人在他的审讯课上用脚和脚趾表达其意图，这是常见的事。他会让一个学生坐在教室前面的椅子上做练习，这可能是涉及提问技巧或建立和谐关系的心理挑战。他说，学生的脚趾指向门，相当普遍。

在这个部分中，焦点在于信息提供者的基线和基线偏离。但是可以从两个角度来看探测基线偏离的概念：一是从提问者的角度来看，二是从回答问题者的角度来看。

◎从提问者的角度来看，基线偏离表明这个人对回答的陈述反映出紧张的情绪。那么对内容的评估是确定属实呢，还是反驳怀疑呢？

◎从信息提供者的角度看，基线偏离表明提问者对所问的事情有一些紧张。他对那件事存在情感依附，而且这种情感正在外泄。

利用前面讲的知识，从眼睛到脚趾打量一个人，会让人敏锐地洞察基线偏离。其中一些偏离是微妙的。下面列举了一些比较明显的基线偏离，如果看到以下几点，你应立即意识到这个人处于压力之中：

◎或多或少有点烦躁。

◎姿势僵硬。

◎使用明显的调节行为，涉及自我整理，如调整领带、围巾，刷掉夹克上的棉绒，或自我安抚，比如，按摩颈部。

◎声音、音高或语速的转变。

◎使用填充语，如“嗯……”，好像这个人需要时间思考接下来要说什么。

在第 8 章中，我们将会进一步阐述这些声音和身体上的具体变化。

## // 现实生活中的危险信号 //

当我第一次看到布莱恩·威廉姆斯对爱德华·斯诺登的采访时，我的反应和研究语言沟通、非语言沟通跟很多人一样，“他很虚伪。”我在笔记本上记录了为什么我对斯诺登那么不信任，而且怀疑在沟通专家日益增多的社会还会有什么谣言。我发现有很多人不同意我的观点。我还发现，研究诚信的专家和我的猜测一样：在那个采访中，爱德华说了假话。

在这一章的前面部分，我引用了一些无法回答的是或不是类问题的例子。这些都是斯诺登在头脑中运行的口头标志，“是”和“否”不是他想给的答案。他想传达特定的信息，而不是给出特定的答案。关于为什么他最后会到俄罗斯，他给出的回答就有相同的问题：这是个“滑溜”行为，他规避了一个现实——在从香港登机到俄罗斯之前，他的护照就已经被废除，所以，说到为什么他能登上飞机，还存在许多疑问。

类似的，在我看来，他的非语言沟通似乎事先写好了答案。尼克·摩根博士（Nick Morgan）曾为《福布斯》（*Forbes*）就非语言交流的主题撰写了大量文章，他明确表述斯诺登的坐姿给他留下的第一印象与我的一样。一开始，斯诺登的双腿分得很开，双脚有力地放在椅子的边缘：“这给别人的印象是他要么是故意为之，要么是训练过的。”后来，在采访过程中，他把一条腿搭在另一条腿上，右脚搁在左膝盖上，像数字 4。这在西方社会是一个颇具男子气概的姿势，传达出自信甚至是自负。在剩下的采访中，他交换了两条腿的姿势。

其他的迹象包括：

◎威廉姆斯问及斯诺登最终如何到俄罗斯的时候，那些问题引起了斯诺登的窃笑和闪避意味的眼部动作。

◎在采访中的许多时刻，特别明显的是威廉姆斯问到他关于自我认知的问题时，问他是高尚的告发者，还是丑恶的叛国贼时，斯诺登噘起嘴唇。珍妮德·莱弗（Janine Driver）是身体语言协会主席，也是莱娜·西斯科在身体语言教学上的合作伙伴。她警示说："当我们不喜欢自己看到或听到的事情时，我们会抿住嘴唇。当我们看到臭名昭著的骗子，或隐瞒某些事情的人时，他们会抿住嘴唇。"

在这个核查事实的过程中，我同意尼克·摩根的观点，他得出结论，斯诺登的肢体语言表明那是"有意志的表现"。他补充道，"我不会相信这个人说的任何话……这里一定大有文章。"

在接下来的章节，你会发现情报专家如何与他们正在审查的信息提供者打造关系，不管喜不喜欢他们，信不信任他们，都会这么做，然后带着他们走上对话之路，让信息提供者对他们说实话。

# Chapter 3 建立和谐的关系

认识我的人都叫我彼得。

当人们叫我埃德温——我的姓时，我便明白他们或者是卖保险的，

或者是要竞争某个职位。

你会觉得处在那些职位的人为了联系我一定煞费苦心。

People who know me always call me Peter.

When people call me Edwin—my legal first name—

I know they are either selling insurance or running for office.

You would think people in those professions would have done some homework

before they try to connect with me.

——彼得 · 厄内斯特（E. Peter Earnest）

中央情报局前高级秘密服务官员

国际间谍博物馆执行馆长

林登·约翰逊（Lyndon Johnson），第三十六任美国总统，曾总结他自己的管理，有一句名言是“最严重的悲剧性错误”或许是“不能与媒体建立和谐与信任的关系”。他说道，这样的错误结果导致，由于不能真正理解，媒体会拒绝发行或者播出他管理过程中表现的真相。

在表达这种担心的过程中，约翰逊表明，历史对他的记录也会因此有不能建立和谐关系的情节。我们也可以用同样的道理来印证自己的历史。不懂得如何建立和谐的关系，会直接失去对真相传承的机会。

## // 马斯洛的愚蠢 //

人人都有需求、会怀疑和缺乏安全感，因此在培养建立和谐的关系技能的过程中，你首先需要拥抱。与另一个人建立联系，是获取信任，求得真相的过程，也是满足对方需求、消除安全感和怀疑感，且相互尊重的过程。

1943 年，心理学家亚伯拉罕·马斯洛（Abraham Maslow）发表了题为《人类的动机理论》（*A Theory of Human Motivation*）的论文，文中描述了需求等级。

如果对方的需求有问题——是那些处在金字塔底部，但为了生存和安全必须存在的需求，这样的话，建立和谐关系的人会不具备满足这种需求的动力。

21世纪行为科学认为，马斯洛说得很有道理，但也不完全正确。建立和谐的关系的艺术和技能也不是一成不变的，根本不是激发他们讲出真相的动机基础，而是他们为什么要这么做。例如，一位审问者想和战犯建立和谐的关系，在询问前可能会先问战犯是否想要吃点什么，让战犯感觉到自己并没有受到身体虐待。审问者并不是

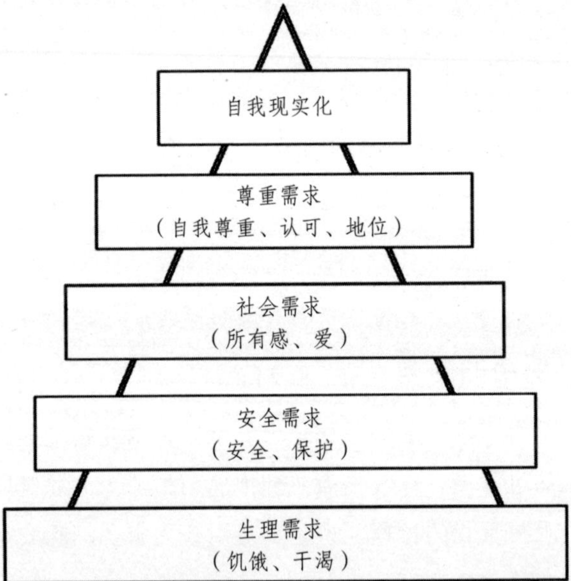

去满足战犯的需求空缺，而是在表示对战犯的尊重。这并不是一个小差别，后者只意识到了一个普通人给予什么后会得到尊重，但其实这并不是一个普通人达到满足的最佳需求。

学术界各个领域的研究者已经采用不同的研究方法探索“用什么激发人们的动机？”的方方面面。2011 年，伊利诺伊州大学的研究者路易斯·泰（Louis Tay）和爱德·黛娜（Ed Deiner）发表研究了五年的成果——将马斯洛的等级划分直接进行跨文化测验。他们的论文发表在《个性和社会心理》（*Journal of Personality and Social Psychology*）杂志上，题目为《需求和幸福观》（*Needs and Subjective Well-Being Around the World*）。他们的研究有两个核心问题：“具体需求和幸福观的联系取决于其他需求的满足吗？”和“需求满足是按照马斯洛所说的顺序进行的吗？”他们得出了一个结论：“一个人通过心理需求满足获得的幸福感与基本需求是否得到满足无关。”

奥马哈互助保险公司（Mutual of Omaha）推出了名为“A-ha 时刻”的一系列业务。其中之一便是一个人努力帮助无家可归者的感人故事。他问道，“你需要什么？”那个人说他只想和他握一下手。这是能够很好证明专业研究的一个实例，印证了对和谐的欲望满足要远远胜过对饥饿感或者安全感消除的满足。

## //沙尔夫方法//

当你具备建立和谐关系的能力时，试着让另一个人联系你，你甚至可能会对用创造性方法接近你的人产生敌意。这就是汉斯·沙尔夫（Hanns Scharff）做过的事。他是德国空军审问者，他与战犯进行有效心理沟通的技能践行了当代美国的精神询问模式。

沙尔夫战前在南非工作，并自学成才，能用流利的英语审问犯人。战犯走进杜拉格空军战俘营（Dulag Luft POW Camp）时，认为等待他们的肯定是盖世太保式的严厉审判——这些战犯都要接受沙尔夫的审判。相反，战犯们遇到的审判者并没有立即审问他们的名字、职位和一系列数字。

沙尔夫审判模式的核心理念部分取决于这样一个事实：战犯们在进杜拉格空军战俘营前都被单独监禁。为消除战犯的安全感缺失和孤独感，沙尔夫做了充分的准备，他试图与战犯们建立一种充满尊重的、舒适的关系。

◎在审判前，他设法了解战犯的方方面面。除了战犯的个人生活环境，他还搜集这些空军战犯的从军状况，一次次往返于战犯熟悉的地方。沙尔夫所做的努力，以及与战犯对话时插入的必要的相关细节，可以让这些空军战犯们产生一种错觉：认为沙尔夫已经掌握了关于他们军事活动的大量信息。这从心理上瓦解了这些战犯的防线，他们始终认为沙尔夫比他们知道的信息还要多，因此他们倾向于将所有的信息和盘托出。这也为沙尔夫与空军战犯建立和谐的关系奠定了坚实的基础，因为沙尔夫不仅会说英语，而且还对他们的日常生活、人生价值和生活环境相当熟悉。

◎他向战犯们明确一个理念：他是在和德国空军军人而不是在

和间谍打交道，命运掌握在他们自己手里，而不是盖世太保手里。这些信息可以让战犯们有所心理偏向，时刻提醒他们处于弱势地位，完全有理由依赖沙尔夫。

◎他向战犯们表现出友好：他和他们一起在林中散步，带他们去动物园，让他们参观德国战机的模型。借助环境，沙尔夫创造了几种谈话模式，从部队的交际圈到在编人数，战犯们吐露了无数种相关信息。

沙尔夫认为，建立和谐关系的技能能够让他获取战犯 90% 的相关信息。掌握沙尔夫使用过的技能可以让你从一个人那里获取完整的真相。

## // 抵制的原因 //

在积极建立和谐的关系的这些技能核心中，贯穿着一种感知：是什么让人们在急需交流时仍然抵制与人交流呢？下面是阻碍你和对方建立联系的一些原因：

◎一方或者双方认为彼此没有共同的价值观或者道德标准。例如，沙尔夫与战犯有相反的意识形态。他代表一种让战犯厌恶的政体。与此类似，不同政党的人们之间建立联系的动机几乎为零。

◎对方似乎觉得提问题的人与他的团队或者朋友不是正面的关系。因此，对他们来说，最需要引起重视的事情并不是那些所谓的值得重视的联系构建因素。这在职场是普遍存在的状况：德高望重的员工和老板通常被称作“他们”，其余的员工自称为“我们”。当“他们”对“我们”提出问题时，“我们”都不愿意建立那种以信任感为基础，以取得真相为目的的联系。

◎负面情绪起支配作用。当空军俘虏首次见到沙尔夫时，就已经在经历惊讶和被俘虏的耻辱感，接着会再次萌生被单独拘禁的恐慌感。起初，无论沙尔夫做得多好，他们的情绪都会受到这种负面感觉的影响。难以想象，用医生对待小孩的方式给成年人理疗心理创伤会有多难。即便在接受特级护理的情况下，空军俘虏也会在告诉医生真相时感到很不自在。

在努力与想获取真相的人建立和谐之前，你应该考虑一下是否有阻挠任务执行的意识形态、社会意识或者人为情感的障碍。

另一个建立和谐关系的障碍是威胁。在法律执行、军事询问和存在怀疑的类似情况中，询问者可能会尝试使用负面的方法搭建联系平台。换句话说，这种联系可能来自绝望，因为怀疑产生了胁迫感。本章不探究那些技巧，而且这本书的任何章节都不会提及。由亲密构建的联系并不是获得真相的最有效方法。你可能会通过亲密得到一些信息，但如果一个人只是因为害怕才给你提供一些信息，他肯定会隐瞒一些信息。信息是他保护自己免受惩罚的唯一保障，如果打他、将他投入监狱，他怎么可能告诉你所有信息？

## // 建立和谐关系的 10 个技巧 //

适合集团的西斯科在第 2 章也有提及（通过解读肢体语言获取信息），教授“十大和谐构建技巧”，将沙尔夫方法引入 21 世纪的日常生活中。在介绍这些技巧之前，首先强调“R”在她阅读肢体语言的 REBLE 方法中是一个重要的前提。

放松，是达到建立和谐以获得真相的必要前提。西斯科谨慎地提出了积极树立第一印象的重要性：“你感到愚蠢的时候便是你看起来愚蠢的时候，感到紧张或者焦虑会导致你身体经历特殊的心理反应。心跳加快、难以下咽、说话结巴、无精打采——所有这些都会发生，并且人们控制不了（这些反应）。在你的身体开始处于这种“战或逃”的状态时，你必须放松自己。

自我放松的方法是释放能量和深呼吸。进一步讲，你的放松感反映了你的自信程度。你身体的一切反映都会影响到你如何判断自我。我和很多人做过一种试验，他们很快理解到移动身体的方式会影响到他们当时的感受。如果你用身体语言体现一种积极的和自信的状态，这种影响将会持续。

### 试验：改变你的状态

提到让你沮丧但不明显压抑的事情，或许有人会说一些有趣的事情，但你会觉得别人在“取笑”你。即使你原谅了某个人，每当你想到他的评论，也还是会感到内心受伤。

那种羞辱感深深地印在你的脑海里，并用憎恨和受伤的情感不断地浇灌它。

立即起来，然后高高地仰起头猛跨一步，朝你身边走过的任何人微笑，如果没有人从你身边经过，那就朝着你的猫微笑。

你现在感觉如何？

在情感疲惫和缺乏自信的状态下，你当然不可能朝着走过大厅的每个人微笑。实现你目标的另一个方法是设计一个力量姿势。

西斯科回顾说：“一家公司聘用我出席一个网络会议，在会上40个参会者都必须站起来做45秒钟的自我介绍。每个人都有称作霸王龙的手臂。”西斯科提到了一个事实：每个人的手臂都被厚厚地裹在他们的侧面，以让他们的手臂看起来像摇摆的小霸王龙。

因此，自信的话语出自他们自己的利嘴，他们的身体反映出不自信。“当你的手臂像那样被裹住，就像你给了自己一个小小的拥抱。”换句话说，这是一种很明显的自我抚慰，一种自我告诫的形式，“我可以这样做。”

相比之下，有力的姿势看起来是像这样的：

◎手臂很舒服地伸向两侧，让身体呈现张开状，朝向你要说话的人，使用整个手臂表达一种意向。

◎两脚相距六到十英尺，分开，垂直站立。

也可以像这样：手臂向上伸展，下巴上抬，脸上挂满笑容。你可以坐着或者站着做这件事。在工作面试前，你可以在电梯里做这个力量姿势，或者在你对200个人做陈述前，你可以在浴室里做这个力量姿势。

力量姿势真的可以改变你大脑的状态吗？是的，明显是的。

艾米·卡蒂（Amy Cuddy）是哈佛商学院的一名教授，她对肢体语言的研究，除了关注如何从生理的角度改变自己之外，还关注如何改变别人对我们的看法。在一项实验中，她首先用信息提供者的唾液检验他们的激素睾酮和皮质醇的含量。睾酮含量越高，信息提供者的情感力量就越大；皮质醇含量越高，信息提供者的压力就越大。其次，她让一些信息提供者采用力量姿势持续两分钟，另一些信息提供者采用讨好和软弱的姿势。所有信息提供者都会被问到做了这一系列的活动后他们花费了多大的力气。接下来，给他们提供赌博的机会。采用了力量姿势的信息提供者中有 86% 的人选择赌博，而另一组信息提供者只有 60% 的人选择赌博。卡蒂称这个"意义差别巨大。"实验的最后阶段包括搜集另一组唾液样本，根据睾酮和皮质醇的含量，检测是否有任何可辨的差异。力量姿势者的睾酮含量平均提升了 20%；气力不足的人们睾酮含量平均下降了 10%。高力量的人们皮质醇含量平均下降了 25%；而气力不足的人们的皮质醇含量则平均增长了 16%。仅在他们花两分钟做了不同的姿势之后，就发生了这些巨大的变化！

我最喜欢的 TED 演讲是来自卡蒂的，非常令人难忘，主题是关于肢体语言力量的积极转型，题为《你的肢体语言决定你是谁》。19 岁时，卡蒂在汽车交通事故中遭受了严重的脑损伤。在医院醒来时，她获悉自己已被学校勒令退学，她的智商下降了两个标准差，大约是 30。卡蒂孩提时曾被冠以天才。尽管周围的人纷纷表示担心，不鼓励她做不必要的尝试，但她仍然努力坚持返回学校。

卡蒂持之以恒，最终晚于同班同学四年从大学毕业。伴随着不可能获得但最终取得的成功，她开始了社会心理学博士学位的攻读之路。这是她故事中的剩余部分：

我说服了貌如天使的顾问苏珊·菲斯克（Susan Fiske）带上我，因此我最终到了普林斯顿。我感觉自己好像并不属于这里。我是一个骗子。我第一年演讲前的那个晚上，第一年在普林斯顿是面对 20 个人长达 20 分钟的演讲。那就是事情的经过。我非常担心第二天被发现，我叫来她，并说："我放弃。"她好像要说："你不要放弃，因为我要在你身上下赌注，你要留下来，这是你要做的事情。你要去作假。你要做被要求去做的每一个演讲。你只能去做，再做，再做，即使你害怕了，瘫坐在那里，经历魂飞魄散，直到你清醒过来说'天哪，我正在演讲。我已经成为演讲者了。事实上我正在演讲。'"那就是我做过的事情。

在哈佛，她给那些有过类似挣扎的学生提供的信息是"用虚假的方式去争取成功"。练习两分钟的用力伸展和呼吸，就像你拥有世界上的所有空气。

鉴于你放松了，并且感觉非常自信，可以直接尝试一下西斯科的 10 大技巧，这样你就踏上了健康创建和谐关系的道路。

**1．用眼睛微笑**。微笑是你给真正想见的人的表情，一种用法令纹勾勒出来的微笑，而不是名人在红毯上惯用的那种微笑。下图是用眼睛微笑的例子。

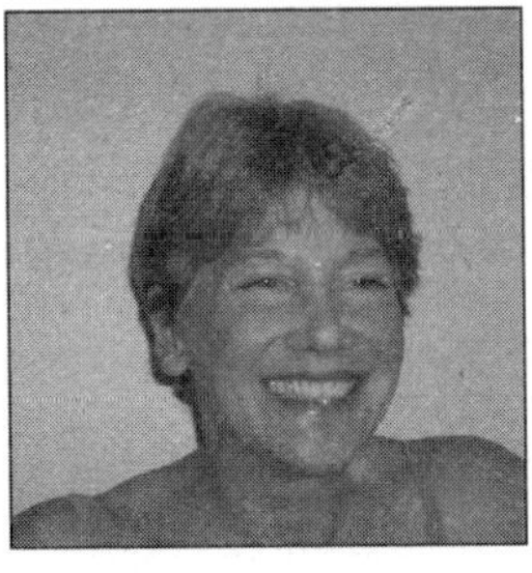

**2．谨慎地触碰**。触觉论（Haptics）通过研究触碰进行交流从而研究触碰的交流模式。在这个领域的研究者发现，如果图书管理员在返还图书证时短暂地触碰书的保护者，学生会给图书馆和馆内管理人员较好的评价。女服务员和老顾客有触碰，则会得到较高的小费。人们更可能为发生触碰的请愿者签署请愿书。平时与人相遇时，你经常会和他们握手。那只是个开始，例如，在谈话中间的某个环节，你可能会用胳膊做出具有绅士风度的触碰，这是对前期相互沟通结果的一种提醒。值得提醒的是，在一些文化中，这是不合适的，这应该清楚地告诉读者。

**3．与信息提供者分享你自己的一些事情**。第四章有一些关于谈话激励因素交换条件的讨论。最基本的，如果你想了解一个人的工作满意度，例如，你可以主动透露你的老板是一个很难取悦的完美主义者。那个人可能会觉得你在告诉他秘密，更倾向于马上联想到自己的工作环境。

**4．镜射对方**。人们就是喜欢与自己类似的人。但也要当心，因为你不想模仿另一个人，那会影响和谐的。对照是很微妙的，比如，都朝一个方向微微斜靠，或者胳膊的摆放位置类似，这只是对照过程的口头论述。当你听到一个人从哪儿来，或者评价一个篮球队怎么样时，你总想寻找一种默契，诸如“我最喜欢的堂兄也住在那里”或者“那也是我爸爸最喜欢的篮球队”。

**5．尊重每个人**。如果你希望别人尊重你，你就必须尊重别人。西斯科讨论了与曾经对人们构成威胁的塔利班成员建立和谐关系的情感挑战。作为一名军事审判者，她的工作依靠她拥有的通过尊重别人建立和谐关系的能力。她必须提醒自己：“在一天结束时，他们仍然是人。他们像我一样呼吸氧气。无论是谁或者做了什么，每个地球人都希望受到尊重。让他们和我谈话，他们必须从我这里获得诚恳的尊重。”

**6．通过肢体语言增强信任**。使用开放的肢体语言，尤其是与三个发力区相关的肢体语言：颈部、腹部和胯部。如果你向人们敞开这三个发力区，你的肢体则在表达这样的信息：“我对你是敞开心扉的，我信任你。”

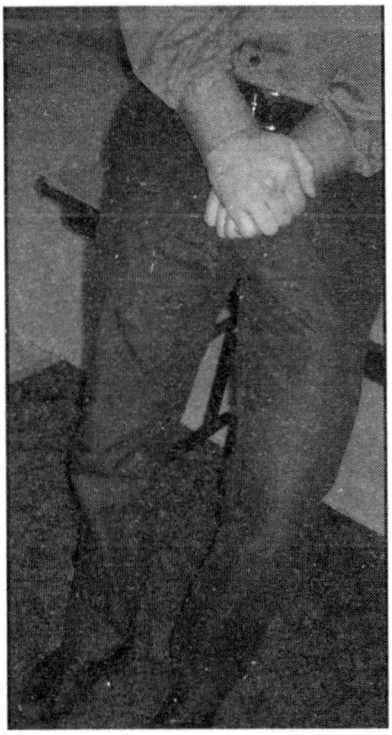

可以设想一下相反的效果——遮挡这三个力量区。就像照片展示的那样，绝对会让人感到局促不安，或者被人隔绝，而不会产生建立和谐关系的感觉。

7. **暂停你的自负**。当对方试图告诉你如何做某件事，或者向你解释一个概念时，让他教给你这些知识。人们喜欢揭开事情的真相，以显示他们非常聪明，或身份相当重要。这一点和下一点在第4章“自负感”推动下的谈话激励因素中会进一步论述。

8. **奉承和赞美**。例如，并不是公开地奉承一个人，而是很愉快地赞美他的成就或者家庭。如果你让某人感觉不好，她为什么花时间和信任与你建立和谐关系呢？赞美给予人正能量。

9. **花时间去听**。通过聆听，我的意思是用你的肢体去听。稍微斜靠对方一点；听到关键的地方要点头。当某人认为你的思绪已经离开会话的时候，你就会失去建立和谐关系的可能。当你积极听取对方讲述的信息时，会不经意地开始使用对方的话语来传递你的理解。例如，你没有军事背景，但你的审判对象是一名海军军官。他谈论舰艇，而不是轮船。因此你也应该谈论舰艇，而不是轮船。使用关键词以表明你在注意听。

10. **让你的谈话对象说话并动起来**。开放型答案的问题也需要做出回应。这里的问题应该以疑问词开头：谁、什么事情、什么时间、什么地点、什么方式、为什么这么做。我和吉米·派欧（Jim Pyle）出版了一部名为《超级询问术：如何通过交谈获得你想要的任何信息》（*Find Out Anything From Anyone, Anytime*）的书，讲述了使用这些问题的艺术和技巧。作为谈话的对象，当你将谈话内容从一个地方转移到另一个地方时，你已经确立了真正建立和谐关系的平台。比如，本章开始部分提到的汉斯·沙尔夫建立和谐关系的技能——带战犯去林中散步、陪他们去当地动物园。比如，你在面试一个找工作的人，与他边聊边从办公室走向电梯。一旦这个人有了与你在不同环境中建立和谐关系的经历，你们之间的联系就会被加强。

## // 靠着和谐走遍天下 //

全球意识，是 21 世纪和谐对话的重要组成部分。接下来要讲述的是关于迈克尔·T. 赖利（Michael T. Reilly）的故事，他目前是位于费尔法克斯县（Fairfax County）（弗吉尼亚州）的副首席消防局长和海岸警卫队调查服务后备特工。这个故事讲述了如果文化敏感性不足，即便是很和谐的关系也会立即被破坏。

我当时驻扎在中东，为沙特皇家警察学院（Royal Saudi Police Academy）做一些培训。我是教学团队的成员之一，教沙特国家警察一些医疗应急反应的课程。这些学员毕业后会对爆炸和其他暴力行为做出反应。其中一个课程是关于心肺复苏术和海姆利克氏操作法（cardiopulmonary resuscitation and the Heimlich maneuver）。

我们面临的一个问题是：为了教授心肺复苏术，我们给他们提供了一套命名为安妮的人工呼吸器，用来培训人体模型操作。那是我们的第一个错误。你一定会认为我在办公室砍碎了穆罕默德的头。

人工呼吸器安妮有乳房。触摸人体模特的乳房位置，是伊斯兰教的真主阿拉所不允许的，这是一种有罪的行为。

我们必须请一名宗教警察去告诉沙特军队，从事这种人体模型的培训是可以的。

赖利继续学习如何与他来自沙乌地阿拉伯的学生建立和谐关系。他经历的事情相当极端，但是我们其他人每天都看到这样的经历：人们通过什么是对的和真实的形成自己的观念。如果我们不去判断，并尊重那些经历的重要意义，建立相互信任关系的可能性就很小。

他尽力教一名受特权保护的官员海姆利克氏操作法，需要从腹部插入导管，那些黏在导管上的食物会让患者窒息而死。这些人都是负责保护沙特王室的人。赖利是这样进行的：

我们演示了海姆利克氏操作法，他说："我不需要知道这个。"

我说："是的，你不需要。如果公主或者王子气管阻塞，你需要立即采用海姆利克氏操作法。"

"不，我不会那样做。"

"你什么意思？"

"你不理解。如果我那样做了，没有排出那些东西，但公主或者王子死了，那么我的头第二天也会被砍掉。"

我迅速抓住了这一信息——如果他不能成功使用海姆利克氏操作法，就会被砍头。因此我换了一种教学方法。"假如你的一个孩子气管阻塞，你不想知道如何救他们吗？"

他面无表情，但很坦率地说："我有另外的办法。"

赖利学会了从相互交流中吸取判断。他清楚地意识到，尊重对方的价值观和判断力是与其建立和谐关系的关键因素。不止这些，赖利还意识到是对方的民族自豪感、文化传承和宗教信仰共同形成了对方的价值观和判断力——这在建立和谐关系的过程中是最基本的因素。

## // 靠着和谐行走网络 //

通过网络构建并强化和谐关系，主要有三个方面：网上资源在建立和谐关系过程中是有用的——面对面、网聊、打字，都是建立和谐关系的最佳电子模式。

### 网上资源

网上资源能够让你为建立和谐关系做三件事情：

1. 发现对方的历史事实，比如先前的工作、教育、出生地、是什么组织的成员（现实中的或者网上的），甚至更多个人信息。

2. 使用你发现的对方信息，准确描述你对对方感兴趣的话题和相关经历及有关信息。对方感觉与你的共同点越多，你们就越容易建立和谐关系。

3. 以非唐突的方式与对方交流，请对方答应建立和谐关系，但不是像你在他办公室炫耀和自我介绍时的那种方式。

在讨论汉斯·沙尔夫与盟军战俘建立和谐的关系时，我强调了他对要审问的对象会做足功课。社交媒体网站为你提供了那些人的丰富信息，以便你能做一些帮你强化最初合作成果的功课。你必须充分明白与他们建立和谐的关系纯属个人行为。无论是打字、聊天，还是面对面沟通，你都能够体会到你的努力对获取对方信息是多么有意义。

在接近对方前，你首先需要发现他属于哪个网络。你首先要查清他属于哪个网站，这些网站里都有些什么团体。例如，为写这本书，我面谈的其中一个人是大卫·梅杰（David Major），一位从事反间谍活动的领导人物。在与他会面之前，我在领英（Linked In）上查询了他的背景，因此我能够向他证明我足够关注这次面谈，不仅知道他大学学什么专业（生物化学），而且知道他在为哪个董事会工作（国际间谍博物馆和协会的前情报官员）。我还留意到他接触过本书中要面谈的许多人。梅杰不在脸书上。但是，我写书要面谈的另一个关键人物在脸书上能搜到。因此不止在领英和推特博客（搜索了莱娜·西斯科的相关信息）可以搜索这些人的信息。从这些信息中我了解到，我们除了爱看相同的电影和喜欢相同的动物之外（通过脸书上），还有共同的专业爱好（通过领英获得）。对于我们如何相互沟通，我已经有了敏锐的洞察。

胡里奥·威斯克维奇（Julio Viskovich）主要从事帮助人们通过社交媒体推动销售的工作，他认为“使用社交媒体将允许你与谈话对象结成同盟，让你在与对方会面前就对谈话的对象和主题内容有基本的认识和判断”。

### 最佳实践

在互联网将地球人联系在一起之前，情报组织、高级俱乐部以及擅长社交的行为和相关信息的提供这样的最佳实践过程都为和谐构建起到了推动作用。这些实践促进了相互的信任、尊重和关心。接下来的段落将阐述如何通过社会媒介和网络资源这样的最佳实践方式获取史实和相关信息的方法。

古往今来，很多社团要求一个或多个员工为员工候选人担保，保证候选人的个人素养和专业水平符合社团的要求。

#### 一些组织坚持更密切的交往

例如，我的一个同事想加入旧金山奥林匹克俱乐部，这是一个私人的社会俱乐部，也是美国最老的体育俱乐部。为他担保的那个人被问及：他是否曾让我的朋友到过他家里，这是一个必需的审查过程。

最佳实施的核心理念是，你指定某个人为可信任的朋友、伙伴或者同事，并不意味着他就可以成为会员。你的“俱乐部”必须是独一无二的，想加入的会员必须满足一定的条件。如果你周围的人有理由相信这种独一无二，你就可以通过这些条件衡量他们所言真相的可靠性。很多人都在用脸书、商务化人际关系网和博客玩很多游戏。一些人可以达到目的，但对另一些人是不利的。如果你考虑要出版一本书，出版商会首先确定一下你的交际能力和追随者有多少，确定你是否有能力出版那本书。如果你通过对所有人说“是”，而打动了相当一部分人，也就是用你的人生观构建了和谐，尽管如此，这种方式仍处于下滑趋势。继续讨论你为某人担保的能力或者别人为你担保的能力，我提醒你：成千上万的和谐因素会影响你选择朋友和同事的直觉，这不是最佳实践。

为什么呢？请记住：你构建信任与和谐的能力是用来处理你和对方关系的，必须与别人对你的观察相一致，你俩有多少共同点是最重要的，而不是你做了什么或者你是谁。这就是虽然拥有很好的社交能力但却不善于社交的人为什么会在商业、政治和别的领域那样成功的原因。他们既不值得信赖，又不会和他们的接触者分享必要的兴趣和价值观，但是他们很清楚什么是同事、朋友或者理想的领导。《好东西有太多好处吗？朋友的数量和脸谱反映的人际关系之间的关系》（*Too Much of a Good Thing? The Relationship Between Number of Friends and Interpersonal Impressions on Facebook*）一文发表于《计算机媒介通讯》（*Journal of Computer-Mediated Communication*）杂志上，其作者认为，脸书没什么与众不同的地方。

他们得出的结论是："是否具有社会吸引力取决于与对方的相似度。"比如平均朋友人数为 30 个左右。有证据证实，最合适激发亲密感和真正和谐的数量也是 30。

总而言之，这项研究提出了一个重大发现：诸如社会评测数据显示一个人在脸书上拥有的朋友数量越多，正面意义就越明显，通过这个信息，人们可以对别人在社会网络中的状况做出社会评价。

这项研究得出的重大发现是：基于社交吸引力和外向型性格，人们会有很多朋友，但相当一部分朋友比实际需要的朋友更倾向于负面影响。

简而言之，这是一个质量和数量合适与否的问题。相当一部分和谐会造成亲近的错觉，但实际上只是一种错觉。

**运用网络资源帮助你会让人感觉特别**

关于这点，苏联和美国的冷战历史中有大量的相关阐释。

波兰上校雷沙德·库克林斯基（Ryszard Kuklinski）在 1972 年叛逃到美国，在接下来的九年中，他给了中央情报局关于粉碎团结非常重要的秘密信息。在那些年里，他冒着巨大的风险，甚至危及他和家人的生命。中央情报局对他叛逃西方的评价体系是除了肯定他的贡献之外，还认清了他的人性。

第一次与库克林斯基见面的大卫·福登（David Forden）——代号为丹尼尔（Daniel）——解释了为什么情报局会参与，并告诉了库克林斯基作为工作内容的情报技术。他也为库克林斯基送上了迟到的生日祝福，还告诉他们两个几乎同岁，生日为他们畅所欲言地进行情感交流提供了很好的开始：

库克林斯基抢过丹尼尔放在桌子上的麦克风，很激动且颇具目的性地说，他感谢丹尼尔对他的生日祝福，这对他来说有非常重要的意义。他说，总参谋部很少庆祝个人的生日，因为大家都很忙。几年前的一天，库克林斯基说，他曾经告诉一个同事他四十岁的生日即将来临。“对我，这是一个特殊时刻——40岁的生日对于每个人都很重要。”

他的朋友开玩笑地说：“我们已经庆祝过了，让你的屁股离开这里，赶快工作去！”

库克林斯基笑了。这就是总参谋部人们享有的待遇，他说。“任何人在这里都会尽其所知。”任何情感或者幸福的颤动都会被“消灭掉”。他补充说，“任何人在我们这个系统中都不算什么。”

诸如脸书之类的网站让大家很容易知道一个人的生日，然后充分利用这一点。类似地，当你从商务化人际关系网上了解到有人升职了，或者得到了一份新工作，也可以祝贺他。我的一位同事经常感谢商务化人际关系网上的人对他给予的肯定，那些感谢的话语让他获得了新的交流机会。所有这些表面上的小行为却能够强化和谐；它们在合理的范围内潜移默化地拓宽了内部的信任范围。

在为写这本书与人面谈的过程中，我意识到，比起从来没有在网上交流过的人来，那些在脸书和商务化人际关系网上进行过面对面交流的人更容易建立相互的信任。他们告诉我，与没有在网上做过交流的人相比，他们更容易建立充满自信的会话关系。

**礼仪规则在电子通信中的应用**

我的书稿出版商代理的一位作者无论如何都称得上是一位绅士。他叫伊拉·奈马克（Ira Neimark），是波道夫·古德曼（Bergdorf Goodman）的前任首席执行官。2005年以来，我们进行过上千次的邮件往来，并且皆有回信，他开始总是以“亲爱的玛丽安”开头，以“最美好的祝愿，伊拉”结尾。我也很友好地立即回复——即便我是在苹果手机上看到他的邮件。我表达了对他一贯谦虚礼貌的荣幸和开心。在某种程度上，毫无疑问，在大多数时候，我下意识地感觉他好像赢取了我关注的所有问题的兴趣。最终的结果是：我们建立了相互信任。根据和谐构建的过程，将礼貌和尊重注入邮件和文本的那一刻，便为和谐构建付出了巨大的代价。文明不包括别人对你的讽刺、反语或者取笑，那是不文明行为，邮件或者短信中也听不到你不满的语气。

**破坏和谐的行为**

当电子交际拉开你和另一个人的距离时，很难使用电子邮件或者文本恢复信任感和相互之间的和谐。一旦和谐被破坏，你需要面对面交流，或者至少打个电话，添加其他维度的沟通，比如用不同的语气或者类似的非语言信号。

有了这种想法，考虑一下这些电子邮件和文本的滥用：

**仅靠书面或电子交际方式，比如电子邮件和文本，来建立和谐的关系，是一个错误。**

即便你认为自己与某人彼此值得信任且相互理解，至少偶尔打个电话或者沟通能够帮助放缓失去和谐的概率。

我自认与一本书的编辑关系相当密切，并向他介绍了一位相当有潜力的作者。那个编辑与那位作者签约了，然后过了三个月，这位编辑取消了出版合同。我很惊讶，于是给那位编辑发了一封电子邮件询问原因。

收到的回复让我不相信那是真的，即使我绝对相信那位编辑绝不会骗我。我发邮件再次询问，得到的回复还是相同的，我仍然不满意。这种回复似乎是照搬的，与我们平常随意的交流形成了鲜明的对比。

我打电话给这位编辑，她说老板告诉她这本书没有达到公司的标准，但事情的真相是出版业务出现了经济困难，她被解雇了，她签约的项目都被取消了。这些邮件是老板反馈给我的，反映的是老板的品性，因此我起初觉得被骗是有原因的。

一次电话让我们的关系回归正道。我们意识到了我们之间发生的一切，作为多年的朋友，遇到这种事情很烦恼。我们彼此承诺再也不用邮件联系了。

如果有人为你做了好事，千万不要用邮件表示感谢。表达感激的方式会削弱对方为你所做事情的分量。

**短信是自然的交流方式，但这种自然与生气联系起来时就会很糟糕。**

这种短信交流很真实，还有打字稿等，都是一样的接收和发送，只有名字换成了保护人们身份的字眼。这种短信交流的例子发生在我的一个朋友南希（Nancy）和她十年的理发师巴布（Barb）之间。巴布在前一年一直为她做清扫家里的工作。南希在出差前一个晚上，理发师决定给她的头发染一种新的颜色。第二天早上，南希从机场发送了第一条担忧的信息：

南希：太均匀了，看起来不自然。

巴布：你太有意思了，第一天总是很均匀的，用一到两瓶洗发水洗过之后会好点。

我那位不是太有意思的朋友打电话给理发师，告诉她用绿宝洗发水和苏打粉洗的头，情况并没有改善。

南希：巴布，我对最近的发色还是不满意。到现在已经七天了，看起来仍然像用一罐喷漆喷过一样。尽管已经用绿宝洗发水和苏打粉洗过三次了，看起来仍然不自然。在周末，我让我经常见的人第一次评价我染的头发。我让你为我染发的原因是为了让我的头发看起来自然。如果这种结果我可以接受的话，我本可以去西夫韦（Safeway）用这一产品还可以省很多钱。我根本不想在马上就有很重要的事件前用这种颜色做实验。在我再次改变产品和配方之前请想清楚我期望的结果。现在，我想返回到以前我可接受的结果。——南希

巴布：很抱歉，南希。但是我的价格上涨了，染发现在是 75 美元，基于理发的效果所产生的影响。我用真空吸尘器打扫是 25 美元，清洁用品是 30 美元……如果贵方有任何改变，请尽管告诉我。谢谢你，南希！——巴布

令人不可思议的是，从事服务业的人会用价格上涨来向客户表达发自内心的抱怨，但这的确是一个理发师所做的一切。每次，我的朋友南希看了她的电话和信息都会更生气。他们之间的和谐被破坏了。另一个考虑因素是他们都住在一个小镇，大家很容易意识到我的朋友要换理发师。

发短信是一种不做计划的、无须审查的交流方式。因此如果要表达强烈的情感，都会在屏幕上迸发出来。你不能保证接受方在脾气最坏或者情绪最糟时是否会看你写的文本。下一次，那个人拿起电话收到了你的文本，这种满腹抱怨的文本可能会提醒他，你有坏的一面。无论是在个人关系中，还是在专业的交流中，这种影响都是深入人心的。

关键点应该是：无论是面对面建立联系、电话沟通还是网上交流，建立和谐的关系一定需要相互交流。例如，脸书是一个有用的工具，但仍然不能推动交流。

# Chapter 4 激励谈话的艺术

先弄明白你要说的意思，再说话。

First learn the meaning of what you say, and then speak.

——爱比克泰德（Epictetus）[1]

[1] 爱比克泰德（Epictetus），古罗马最著名的斯多葛学派哲学家之一。

在这个领域工作几十年后，彼得·厄内斯特（Peter Earnest）回到了美国，继续在位于弗吉尼亚州兰利市的中央情报局总部工作。他的任务之一是在美国国会为中央情报局采访参议院工作人员。很快，彼得就和麦克·爱泼斯坦（Mike Epstein）成为了好朋友，麦克是参议院监督委员会（Senate Oversight Committee）的一位工作人员。当两位女同事加入委员会，成为同事后，爱泼斯坦对她们说："你们得见见彼得·厄内斯特，我们和中情局的主要联络员。"他把二人带到了兰利，在那里彼得和她们聊天，还带她们参观了大厅。在回去的路上，两位女士在车里讨论她们的经历。彼得回忆说："麦克告诉我，其中一个人评价道'说到彼得·厄内斯特，他可真有魅力！'麦克说：'别忘了，他是靠魅力干这一行的！'"

2001年9月11日纽约市区和五角大楼遭遇恐怖袭击后，一些中情局人员与诸如水刑[1]之类的身体虐待关联起来了，这个时候他们似乎变得没那么有魅力了。尽管如此，在大多数情况下，具有超凡魅力的间谍形象还是依照肖恩·康纳利（Sean Connery）饰演的詹姆斯·邦德（James Bond）深入人心，成为这个神秘行业中重要人物的形象。

将之与军事审讯者的俗套形象对比一下吧！他们受过培训，利用恫吓和威胁的手段，因此人们绝不会把他们与魅力四射的人联系起来。然而，从一些方面来说，他们是近亲。二者都掌握了激励谈话的技能，在本质上非常相似。

在本章中，我会简单描述一下激励谈话的军事和非军事方法，包括如何将它们结合运用，以及如何让个人风格匹配激励因素。

## // 军事风格的激励因素 //

1992年发行的《美国陆军战地手册》（U.S. Army Field Manual，简称FM）列出了14条审问技巧，并被定义为“帮助建立和谐关系的方法”。读完这14条，你就会发现，相比我们之前的定义，这个“和谐关系”的使用更为广义，即对另一个人的亲和度。在军事审问的环境中，和谐关系可能意味着：虽然信息提供者表现出不情愿或敌意，但会体现出理解与合作。如果你的信息提供者实在不愿意坦白

---

[1] 水刑（waterboarding），一种使犯人以为自己快被溺毙的刑讯方式，犯人被绑成脚比头高的姿势，脸部被毛巾盖住，然后把水倒在犯人脸上。有关专家说，这种酷刑会使犯人产生快要窒息和淹死的感觉。美国军方2009年9月份修改过的审讯手册中，迫于压力才禁止使用“水刑”。

交待（本书第 8 章和第 9 章会探讨这种情况），想想上述 14 条方法中所示的军事风格的激励因素会非常有用。

2006 年 9 月，修订后的《美国陆军战地手册》列出了 19 条方法，其中有 2 条新方法要求领导人物专项审批，其他增加的方法只是对初始方法已有主题的变体。这些方法的官方描述（许多都是改述）如下：

◎直接法：审讯者直接就所需相关情报提问，毫不隐瞒审讯目的。

◎刺激法：这个刺激法的基础是营造出不适，并施加给缺乏意志力的信息提供者。他期望通过谈话实现一定的目的，那可能是当前的某件事情，比如确定自己的一个同伙安然无恙；也可以是比较长期的某件事情，比如政治庇护。

◎情绪法：在 2006 年的《美国陆军战地手册》中，这个方法单独成为一个分类，包括七种不同的技巧。不过，我还是认为早先的版本定义更明确，接下来我会结合早期版本做出解释。在之前的《美国陆军战地手册》中，情感法有两个版本：情绪化的爱和情绪化的恨。审讯者应用语言技巧和情感策略，向信息提供者的情感施加压力。

情绪化的爱，适用于关心部队、关爱战友的信息提供者。审讯者可以利用这一点，告诉信息提供者，只要提供重要的信息，他就可能缩短较量的时间，拯救朋友们的性命。

情绪化的恨，利用信息提供者与战友之间的内讧关系。例如，这会让他滋生出自己被抛弃被俘的感觉，然后审讯者会给他一个报复的机会。

◎提升恐惧法：这个方法是充分利用信息提供者在被俘和审讯期间之前就存在的恐惧（无论这种恐惧是否合乎情理）。如果他知道俘获自己的人看到过自己射杀他们的人，那么这种恐惧就绝不是空穴来风了。

温和地提升恐惧，让信息提供者意识到不配合会产生的严重后果，以此加深恐惧。这个方法不涉及大喊大叫、狠敲桌子，那是严厉地提升恐惧的特点。

严厉地提升恐惧，包括体能威力的展示和言语的恐吓。当然，这并不是让审讯者施刑拷问。

◎降低恐惧法：这个方法无非就是让信息提供者冷静下来，让他确信自己会受到妥善而人道的对待，或者告诉他：他的战争已经结束，他不需要再参加战斗了。

◎骄傲和自尊法：这个方法的策略就是通过刺激或奉承的方式，诱骗信息提供者吐露所知的情报。对表现出软弱或者自卑的对象尤为有效。

提升骄傲和自尊：不断奉承信息提供者，使他提供确切的信息，以博得某种特殊的好处或信任。《美国陆军战地手册》还给出了表明这个方法奏效的相应肢体语言。该手册指出，审讯者要伺机观察信息提供者，留意他的抬头动作、眼中自信的光彩、挺起胸脯和直起腰背等。

打压骄傲和自尊：这个方法主要是攻击信息提供者的个人价值感。任何信息提供者，只要表现出任何真实或假装的自卑、软弱，或者是在尴尬情况下被俘的，都可以考虑对他使用这种方法。

◎徒劳法：在这个方法中，审讯者让信息提供者明白反抗审问是徒劳的。这种方法只是利用信息提供者心中原有的怀疑，让对方信服，现在已经无处可逃，强化他的疑念，让他以为战败已成定局，所有同伴也在相同的处境中，或者使用其他令信息提供者感到无望的情景逼他就范。

◎“我们什么都知道”法：在这个方法中，审讯者尽可能多地带着信息提供者的情报开门见山。要注意的是，除非有足够多的情报支撑提问的细节，否则信息提供者就会识破。这个方法的另一个版本叫作“文件加档案”，指审讯者带着一沓文件朝着信息提供者走进去。审讯者可能只是翻翻空白页，但他要表现出里面有很多信息的样子。2006 年《美国陆军战地手册》更新的时候，这个方法被表述为“文档携带法”，不过我们可以假设，随着移动设备的广泛使用，“文件加档案”的模式将会改变。

◎证明身份法：这是一个巧妙的圈套，执法人员也经常使用。审讯者一口咬定信息提供者其实是罪行滔天的犯人，已经被上级通缉，而他自己也不是所谓的审讯员。为了从这个指控中脱身，信息提供者会尽心尽力证明或者证实自己的身份。在这个过程中，他就可能给审讯者提供情报，使审讯进一步发展。

◎重复法：审讯者重复问题，一步步瓦解抵抗（有时是通过纯粹的烦扰）。这个方法高一级的版本是改变提问的措辞并重复提问。

◎连珠炮击法：这个方法采用了心理学的策略，其原理是：（1）每个人都渴望说话时有人倾听；（2）说到一半被不相关的问题打断，会令人迷惑。一到两名审讯者提出一系列问题，信息提供者来不及答完上一个，又赶上另一个问题。信息提供者会自相矛盾，因为他没有时间充分考虑自己的答案，这就给审讯者提供了机会，可以锁定前后不一致的内容。在为此辩解的时候，信息提供者泄露的情报可能比自己料想的还要多。

◎沉默法：审讯者一言不发，只是用坚定的眼神与信息提供者进行目光交流。用言语填补对话的空白是人类正常的反应，因此，信息提供者最终可能会说“你想问我什么”之类的话。

◎改变场景法：这个方法是让信息提供者离开审讯室的氛围或者环境。这是沙尔夫的技巧之一。他就会把犯人带去森林散步，甚至还会用德国飞机带他们兜风。

此外，2006 年版的手册中两条需要上级批准的是：

◎一个唱红脸一个唱白脸法：也称为友敌交错或者马特和杰夫（Mutt and Jeff，后者取名连载漫画中的角色，是一高一矮两个体形相反的形象）。这个方法需要两名审讯者，一个严格甚至残酷，而另一个则通情达理。

◎鱼目混珠：审讯者试图说服信息提供者，拘留他的并不是美国军队，这个办法是让他在感觉上更倾向于与美国人合作。

在接下来的部分中，你将看到，这些方法大多与谈话激励因素的八大分类息息相关，而这些因素也适用于战场之外的提问者的心态。

## // 非军事风格的激励因素 //

这些非军事风格的谈话激励因素本身含有军事方法的基础，采用的心理杠杆也一致。不过这里关注的范围更加广泛，它适用于人类本性、神经生物学和日常生活。一般来说，它们并不是要加深信息提供者的焦虑，而是让信息提供者向你靠拢。我把前者称为“排斥方法”，后者称为“拉拢方法”。

综合我从各个不同的情报专家所学，我选定了八个激励因素：

· 孩童般的好奇心。

· 刺激。

· 情绪感染。

· 提升自尊。

· 抑制自尊。

· 减少恐惧。

· 确定／不确定。

· 沉默。

### 孩童般的好奇心

善于倾听的人谈话目的明确，具有煽动性。他们用提问引导谈话，刺激被提问者的兴趣。因此，就寻求真相的角度而言，我们可以把好奇心看作一种双向沟通。你想要知道某件事情，可是信息提供者的脑中可能也会浮现一些问题：“你为什么想知道？”“谁告诉你我对这件事有所了解的？”“你还想知道什么？”这些问题一个接一个，层出不穷。你可以充分利用问题激起信息提供者的好奇心。你可以提出问题，但这些问题要表现出你似乎知道什么，而这些又是她想知道的。

行为经济学家乔治·罗温斯坦（George Loewenstein）在人类好奇心领域做出了突破性的研究。他最为人们熟知的可能就是他的好奇缺口理论。根据罗温斯坦的假设，当我们感觉自己的认识有缺口的时候，就会萌生念头解决它们。已知和未知之间的断层导致了问题的产生。

罗温斯坦在他著名的论文《好奇心理学》（*The Psychology of Curiosity*）中，开头就提醒我们好奇心在生活中的重要作用：

> 人们一直认为好奇心是一种决定性的动力，它在人生各个阶段都以积极和消极的方式影响着人类行为。它被认为是孩童成长的驱动力和受教育程度最重要的诱因……好奇心被认为是科学发展背后的主要推动力，甚至超出追求经济的驱动力。

广播记者经常一周五天面对这样的挑战。他们要对嘉宾直接提问，同时还要维持听众的好奇心。他们想要人们在听到问答的过程中期待下一个问题，并在采访结束后从自己认知缺口的填充中得到满足。这项工作就包括选择听众和观众深切关注的话题。只要主持人方法得当，他们就会找出决定好奇心的重要因素，即话题事件中受众们解决不确定因素的兴奋感。

布莱恩·威廉姆斯对爱德华·斯诺登的采访不仅填补了一个热门焦点事件的信息缺口，而且创造了开阔的叙事空间，观众可以感觉到，这是一个逐渐展开的故事情节。布莱恩先介绍了斯诺登泄露机密档案的采访背景，然后做出评述，斯诺登则用问题做出回应。这样的开始给观众留下了这样的印象：这次采访可能会让斯诺登大出风头，除非威廉姆斯勇往直前，用自己的问题开路，而他也是这么做的。

威廉姆斯：许多人会说你严重损害了国家利益。

斯诺登：要我说，你能拿出证据吗？有什么表现吗？

很快，这些问题让故事的原委一一展开。采访中对美俄关系的关注，如同为观众指出了详尽的地图坐标。背井离乡以来，斯诺登在“现场直播”的采访中一直是一副漫不经心的样子，而这次斯诺登并没有像之前那样，而是一个身处与美国关系微妙的国度的真实人物。这些问题使斯诺登在行为和动机之间来回穿梭，而威廉姆斯在提问的过程中一步步烘托气氛。然后他瞄准了美国政府监视这一点，探究涉及个人电脑和移动设备的监视究竟意味着什么。

突然，我们的生活就成了讨论的对象。我们进入了故事之中，我们多多少少也关心爱德华·斯诺登身上发生的事。采访的结尾又在我们的地图上指出了坐标。作为揭发者也好，背叛者也好，斯诺登现在身在俄国，很有可能会在那儿待上一阵子。

总之，无论有什么其他激励因素，好奇心都是寻求真相的重要工具。

### 刺激

《美国陆军战地手册》提到了长期刺激和短期刺激，不过那在日常生活中可能不如在战争中有效。虽然政治庇护对战俘来说可能是强烈的激励因素，但是神经学告诉我们，比起等待一个稍后实现的刺激，人类更倾向于即时的满足，即使草率决定不如前者也是如此。

乔治·罗温斯坦是研究好奇心理的大师，而普林斯顿大学的教授乔纳森·科恩（Jonathan Cohen）则以研究决策而闻名，他们参加了同一个调查团队。调查者们发现，人们不喜欢利益延迟到来。在一项研究中，研究对象在思考特定刺激时要经过功能性磁共振成像（fMRI）的检测。他们要从亚马逊网站的礼品券中做出选择，价值从5美元到40美元不等，但面值较大的礼品券需要等待两到六个星期。大脑扫描显示，关于即时获利的决定刺激了他们大脑中与情感相关的部分。对长期获利的思考则刺激了大脑中和理性相关的部分。对大多数人来说，感性相关的部分胜过理性相关的部分。

罗温斯坦解释说："我们的研究结果有助于解释这一现象的原理和成因：大范围引起感性反应的情况，比如看到、摸到或者闻到令人爱不释手的东西，经常导致人们采取冲动的行为，令他们事后后悔不已。"像这样的心理暗示会触发与多巴胺有关的大脑回路，这些回路与罗温斯坦、科恩研究中的那些反应即时获得的回路十分相似。根据罗温斯坦的结论，我们可以得出和他之前关于好奇心的言论相关的有趣推论，即："好奇心与偷窥癖之类的行为紊乱有关，并且和吸毒酗酒、过早尝试性爱和特定形式的犯罪一样受人诟病。"

前两个激励因素需要注意的一点是，二者都往往与想要尽快满足对某物的欲望有关。

二者还有一个重要的联系，即最强烈的刺激因素之一就是有时候提供情报，满足信息提供者的好奇心。这就是交换补偿（拉丁语quid pro quo）的根据，在拉丁语中意思是"以物换物"。

想象一下你是面试官，一名年轻女性正在申请人力资源部的职位。虽然她声称自己严格坚守当前雇佣方的公司规定，你仍然需要确认，她的记录是否真的像她说的那样完美无瑕。要刺激她、让她更加坦率，你的方法就是告诉她你自己的一个秘密。你可以说现在和人打交道有各种各样的情况，很难做到什么时候都照章办事，接着承认自己在早期人事生涯中，曾经让一个员工以生病为托请假陪孩子过 14 岁的生日。她对你的信任就会增加，因为你对她敞开了心扉。反过来，她可能会告诉你，在她从事人事工作的三年中，曾经有几次为了员工的需要而变通过规定。使用一个直白的交换补偿，你就能成功得知她工作表现更真实的一面。

注意，在这个情境中，正如谨慎应用交换补偿一样，提问者放弃的是相比信息提供者来说无关紧要的信息。谨慎地泄露自己的秘密，这样你才能保持对谈话的掌控。

**情绪感染**

在情绪相关的谈话激励因素的范畴中，去掉军事风格讨论中的“爱”和“恨”，采用积极和消极的情感，并利用你对对方情感的认识，让他们告诉你真相。也可以利用对方渴望安逸、逃避惩罚的心态。

亚伦·本－泽维（Aaaron Ben-Ze é v），是世界上研究情感的首席专家，他仔细研究了积极和消极情感哪一个对人的一生影响更大。他的观点表明，总的来说，这个问题的答案是积极的情感，尤其是爱，更重要，但在大量的情况中消极的情感也会占上风。信息提供者在愤怒、厌恶、受伤或其他消极情感的状态下更容易配合，这是有充分原因的：“对于引起强烈消极情感的事情，人们思考的次数是对引起强烈积极情感的事情的 5 倍。因此相比积极美好的回忆，人们更倾向于想起消极的经历。”

本－泽维进一步解释了消极情感压倒其他积极情感的原因，即人们对消极事件的过度反应超出对积极事件的过度反应，“消极的事情可以致我们于死地，而积极的事件只是让我们幸福的现状有所加强而已。”

再回到前面那个年轻的人事部专员的例子吧。我们可以设想两个情景，其中消极情感在她的坦白交代中起重要作用。

1. 她和经理的上司，即公司的高层主管，进行类似的谈话。主管提出，经理执行了一些不必要的规定，执行这些规定耗费了公司太多的财力。如果他有证据证实这些规定是一种浪费，是多余的，他就会下令让经理修改。年轻的人事专员不喜欢自己的经理，禁不住这个诱惑，就告诉了主管她之前违反这些规定的经历。

2. 她和经理进行类似的谈话。这一次，他怀疑她违反了公司的规定，只是说：“对我而言，说谎比稍微越界更恶劣。说实话，我会毫不犹豫地开除撒谎的员工。”这一言论并没给她担保，保证她坦白交代自己的违规行为后就不会失去这份工作，但是她知道一旦被抓住撒谎，自己就肯定被解雇了。老实交代并不能带来愉悦感，但可以潜在地转移不快。

从积极的一面看，很多专家认为，爱是最强大的激励因素。但并不是所有形式的爱都能像恋人之间的爱那样，如可卡因一般刺激大脑的快感中枢，我们在小学学过的圣乔瑟夫修女的无私之爱就不行。实际上，耶鲁大学的调查者发现，虽然无私的爱是永恒、真挚地希望他人幸福，而不求个人回报，但它却关闭了恋人之爱所开启的大脑区域。两者是相反的。

恋人之爱就像一种瘾，我们都知道顽固的瘾君子为了解决瘾的发作会无所不为。有时候，“无所不为”就意味着说实话。

当然，恋人之爱和无私之爱并不是这种情感仅有的形式。有一项专门的学科叫人际神经生物学，这就得谈到丹尼尔·J. 西格尔（Daniel J. Siegel）和爱兰·N. 斯格尔（Allan N. Schore）。他们是加利福尼亚大学的同事，探索爱在大脑里的存在形式。他们的工作基于一个前提，即从出生到死亡，人际关系就起着调整我们与记忆和情感相关的大脑回路的作用。从婴儿的时候起，我们就形成了影响我们后来行为和选择的神经模式。

因此，我们对与爱相关的心理反应水平，其根基是与我们和母亲的亲密程度。

### 提升自尊

2010年1月12日，《科技美国人》（*Scientific American*）杂志中有一篇文章题目是《马屁伴你行》（*Flattery will get you far*），开头是这样一段：

在《科技美国人》里，我们充分了解读者的智慧。您的智慧让您区别于其他人，我们也非常感谢您能来参观这个网址。您是有出色判断力的人，我们知道您一定有兴趣订阅我们的独家在线资源，只为最具慧眼的知识分子打造，每月仅需9.99美元。

你可以冷嘲热讽，说这种傲慢的垃圾毫无用处，但它确实屡试不爽。2010年，香港科技大学的两名调查者在《市场营销调查》（*Journal of Marketing Research*）杂志上发表了一篇论文，其题目为《从双重角度分析虚假奉承的作用》（*Insincere Flattery Actually Works: A Dulal Attitudes Perspective*）。该论文讨论了奉承这一策略的使用时机和使用方式，它能使人们对赞美来源产生更积极的印象，更乐于与奉承者合作。

伊莱恩·陈（Elaine Chan）和贾迪普·森古普塔（Jaideep Sengupta）在研究中让参与者根据店面广告评估一家新开的百货商店。广告描述了商店提供的产品，赞扬那些被吸引的顾客具有高品位和时尚感。参与者没有上当。在意识层面上，他们看穿了这是试图操纵他们去光顾的手段，与《科技美国人》公然拍马屁无异。但是，陈和森古普塔对参与者的态度潜意识受影响的方式更感兴趣。他们着手探究，即便参与者们看出了广告中的圈套，他们是否仍在潜意识中对这家店产生了积极的联想。此外，他们还想知道，这种潜在的反应是否对预测顾客何时光顾该店有所助益（帮助）。他们会不会更倾向于进店购物呢？

结果，奉承这个强大的激励因素所起的作用出乎他们的意料。参与者对商店暗含的态度占了上风，而且比直观的态度更加有效。它们也作为可靠的预测指标，能对参与者光顾商店购买商品的可能性提供有效预测。因此陈和森古普塔得出结论，即使参与者一眼就看出了这个计谋，在直观上不屑一顾，“奉承仍然在他们的意识之外发挥作用。”

这一现象的核心本质是：人们喜欢自我感觉良好。我们的大脑是奉承的沃土，那些懂得把握时机，合理运用奉承手段的人，在心理上就能胜人一筹。

之后，调查者们更深入地探究了奉承产生的不同效果。他们想看看，参与者的自尊在多大程度上影响他们对虚假奉承的接受程度。他们让参与者写下两件事：（1）他们性格中想改变的一面；（2）他们看重的个人品格。结果不难预料：比起那些专注于自己强项的人，那些更轻松找到自己缺点的人更容易在潜意识中受奉承影响。

因此，如果你的信息提供者表现出心神不定或者不够自信，就要在使用多种技巧的同时添加“提升自尊”这一项，使谈话向着你想要的方向发展。在你运用此技巧时，要让奉承话在直观层面和暗含层面都发挥效用，也就是说，要让这些恭维之辞尽可能的中肯、可信。

回到我们年轻的人事专员上来。如果面试她的人使用提升自尊的策略，这就是合适的方法：面试官观察到，她对接受面试有些紧张，这在工作面试中很正常，于是他决定使用提升自尊的策略让她感到有更多主动权，以开诚布公地与她谈话。“你回答得很好”，他说，“你之前的记录也表明你能很好地把控人事岗位的复杂性。”在那之后，他就可以提问，问她是否背离过公司的规定，她就可能积极地听进去。她或许会认定他希望得到肯定的答复，于是列举了困境中运用良好判断的情况作为解释。

### 抑制自尊

如果干得好，攻击一个人的自我价值感，就能让那个人陷入脆弱的情感状态，让他变得更加顺从。这个方法最好和另一技巧结合运用，会让他感觉好些。利用他想和你恢复联系的愿望，你就能得到信息，然后再把他带出自尊的低谷。

如果运用不当，错误地判断了抑制的进展程度，这就容易让对方疏远你。还有可能因为越界把“抑制自尊”发展成人格侮辱而受到抨击。

先来看看最糟糕的情况吧。我记得20世纪90年代中期有项研究，结论是“永远不要侮辱南部的人”。其本义就是来自美国南部的人有一种“文化尊严感”（当然不是所有的人，只是个大概），这种意识会让他们在受到侮辱时动粗。这项研究中有一组北方人和一组南方人，两个组中都混有几个外人与他们产生摩擦，骂他们混蛋。调查者发现，在面对恶语中伤时，南方人的身体和肢体语言的反应比北方人更为激烈；调查者还测量了南方人的睾丸酮指数明显上升。所以，在南方人身上采取抑制自尊的的技巧时，需要仔细思量，把握合适的度。

正常来说，刺激某个人的自尊会影响他在社交中的舒适程度。在那之后，你需要仔细管理，以实现激励谈话的效果。2007年，弗罗里达大学和圣地亚哥大学展开了一个针对年轻男女的实验，实验突出显示了破坏他人自尊的即时反应，并表明，如果你不跟上一些动作或评论，把对方拉拢回来的话，就会完全失去他的合作。

调查者开始着手判断学生们的反应，看他们如何应对他人对自己社交技能的评价。20名参与者拿到写有名字的标签，这些标签按照性别分入不同的组。他们需要记住同组其他三到五个人的名字，并和他们聊20分钟。然后，调查者把参与者们带入单独的房间，让他们选择最想和自己组里共事的2个人。

然而，评价结果被做了手脚。调查者信口开河地告诉一部分学生，每个人都想和他们共事。调查者还告诉其他学生，谁也不想和他们一起共事。因此一些人直接听到这样的话，“我有个好消息——大家都选你作为最佳合作伙伴。”另一些人则听到，“很遗憾，没有人愿意和你共事。”

之后，调查团队中的一人把所有参与者分别叫到一边，说“出于某些原因，他们不能继续下一个任务，但是不用担心，还有另一个机会参与。”每一个人都被告知，“你可以立即离开，按照实验全程的时间结算学分；不过如果你愿意帮忙做其他实验，你可以帮我们完成其他实验，每一项需要 15 分钟，你可以选择做一到三项。参与其他实验不会影响你拿到的学分。一切取决于你。”

比起那些被接受的参与者，那些认为被同学排斥的参与者志愿参加的实验要少得多。合作参与者的差异非常明显：被接受的参与者有 90% 的志愿继续实验，而被排斥的人只有 20% 的愿意帮忙。

实验团队原以为他们会看到更多被同学排斥的参与者愿意回来帮忙，因为他们会想通过做出贡献以博得好感。其实不然。无论他们是否接受发生的事情，或者只是出于被排斥的深重尴尬，大多数被排斥的参与者退出了。

对使用抑制自尊技巧的人，需要观察他的肢体语言。如果看到他处于封闭状态，比如，双手抱胸交臂，仿佛在拥抱自己一样；双肩稍微耸起，低垂下头，那说明你已经成功破坏了他的自我价值感。这个时候，马上为他提供你的信息，立即重建关系，再回到你建立和谐关系的技巧上去。

在上述实验中，调查者们只是让被排斥的学生完成任务，在心理或情感上并没有给予相应回报。

在现实情景中，抑制自尊的技巧并不会像“没有人愿意选你一起共事”那样不近人情。比如，如果那位面试官对那个年轻的人事岗位求职者说她在这个领域经验太少，做这个新工作可能存在问题，她就可能感到不自在，想要证明自己。这一次，他的目的还是要了解她过去是否背离过公司的政策，他就会说："公司处理人力资源事务不仅明智，而且十分人性化，我们为此自豪，我们非常关注员工的需要。我担心你经验不足，无法做出成熟的选择。"这样一来，她感觉为了证明他的观点有失偏颇，就可以举出一些她为了员工的士气或帮助某人规避个人危机，而背离公司规定的例子。仅仅需要面试官的一个点头，或者从他的表情上看到赞许之意，她就会得到自己寻求的认可，再次回到放松的状态。

## 降低恐惧

埃里克·马多克斯是杰出的陆军中士，因为他的审讯和分析，才能俘获萨达姆·侯赛因。马多克斯为这本书也提供了很多见解，主要集中在第九章上。他在自己的《使命：黑名单》（*Mission: Black List*）一书中讲述了几个故事，讲解了他使用降低恐惧的方法。下面这个故事把我们带到马多克斯旅程的终点（他审问过300多人，提取了能够找到萨达姆·侯赛因的情报）。这一次他面对的是穆罕默德·胡达尔（Muhammad Khudayr），他能为马多克斯提供穆罕默德·易卜拉辛（Muhammad Ibrahim）的信息，后者是这次武装运动的领导人，也是萨达姆的直接联系人。

在审讯开始的时候，这个犯人甚至矢口否认认识穆罕默德·易卜拉辛。现在他告诉我他有多么害怕那个人，他已经形成了莫大的恐惧。如果让人知道他和我们合作的话，他的身家性命就会不保。我需要想办法帮他解决这个问题。

"告诉你吧，"我提议说，"你带我找到穆罕默德·易卜拉辛，我就确保每个人都知道帮助我们抓到他的是穆斯利特（Muslit），他的儿子。几天之内，他的儿子就会按计划坐船被运出关塔那摩湾

（Guantanamo Bay）。他一走，我们就可以把一切推到他头上。这样你就没事了。”

马多克斯减少了穆罕默德·胡达尔的恐惧，于是后者屈从于被保护的诱惑。马多克斯观察他的肢体语言——脸部松弛，肩膀放下，这个时候他意识到自己的计谋奏效了。他把这个计谋叫作“一派胡言”，然而很有用。

把谈话激励因素比作一个军械库，要获得某人的信赖，缓和或消除他的恐惧就是其中最强大的武器之一。格列高里·哈特利（Gregory Hartley）和我一起写了《如何识破谎言》（*How to Spot a Liar*），他讲述了自己的一个故事，在该书第一版中讲解了这个技巧。他开着一吨的载货卡车，追尾撞上了一名女士的轿车，碾坏了车的主干部分。她跳出来大哭大叫。他把她抱在怀里道歉，肢体和言语相结合，立即让她平静了下来。她就不会倾向于找律师，而是想分享自己反应激烈的原因，她之所以会这样，是因为家里的其他压力，而不是这次事故。

肿瘤学、心脏学等领域的医生通常面对极度焦虑的患者，他们对诊断结果或者拟定治疗程序的后果非常担心。医生们需要“降低恐惧”这个谈话方法，让患者们坦率地说出可能阻碍治疗的感受、生活方式等，以帮助他们。在工作场合，也可能有许多情况，某人的能力或诚信存在问题，被解雇的隐忧会让他封闭自己。出于恐惧，他不想泄露任何关于自己或者他人的事情。

提供情感和心理上的帮助，必要时还有肢体上的帮助，可以提升某个人的安全感以及对你的信任，然后继续谈话。

## 确定或不确定

提出你确定知道的信息，可以让另一个人坦白地谈话。这就是你对信息提供者要做的功课：你可以用至少几个具体细节展开谈话，体现出你比对方知道得更多。这一般是汉斯·沙尔夫让犯人说出军事实力的做法。他让他们确信，自己已经掌握了情报，所以没有必要再在谈话中隐瞒了。

前面说到，就在见到穆罕默德·胡达尔之前，埃里克·马多克斯利用了“确定”的技巧，也就是军事术语中的“我们都知道”法，让犯人承认认识目标——穆罕默德·易卜拉辛，还有他身在何处。他告诉犯人：“我知道你在撒谎，因为你以为我不知道任何情报。但是你错了，我对你无所不知，我知道你犯下的所有罪行。我还知道，你逃避惩罚的唯一途径就是告诉我穆罕默德·易卜拉辛在哪儿。”

这个计谋奏效了，穆罕默德·胡达尔马上说，如果他说出穆罕默德·易卜拉辛在哪儿的话，自己就会被杀掉。马多克斯就使用降低恐惧的方法让他确信那种事情不会发生，完成了这项任务。

对信息提供者不确定的部分也可以帮你激励谈话。人在面对不确定的情况时会觉得慌慌张张，没法应付和失控。吉米·麦克考米克（Jim McCormick）是《风险的力量》（*The Power of Risk*）的作者，他建议，把告诉听众和读者的东西颠倒过来，以产生不确定感：“如果一个人察觉到当前的风险超出了自己的能力范围，他就会更加感到不安。风险的种类不限：肢体、职业、社交、智力、创造力、情感或精神。这样，这个人情绪高涨，就难以做出理智的选择。”

如果你的信息提供者处于这种有些混乱的状态（有些慌张而不是彻底糊涂），你想要的信息可能就会泄露出来，因为这个人对自己言语的控制力下降了。此外，如果你在提问时提出确定的事情，你就很有可能得到配合，因为这是在把对方引导至更为坚实可信的一面。

## 沉默

日语把沉默叫作 shiin。谈话中尴尬的沉默会让人们瞥一眼自己的笔记本电脑，或者改变他们的姿势，因为希望某个人进屋打破僵局而不自觉地向门口看。最后，实在有人受不了了，只要有点什么就会说。

迈克尔·汉德福特（Michael Handford）是语言学教授，也是国际交流顾问，他研究了文化趋向对达到我们希望有人打破沉默的临界点的影响。西班牙人耐受力最低，只有一两秒；英国人有三四秒；日本人耐受力长一些，有五六秒。他的结论根据是商务会议的录音，这些录音的词汇量约有一百万。英格兰、德国、爱尔兰和日本总共有 25 家以上的公司允许他携带麦克风进入会场，以收集数据。

要使用沉默作为激励谈话的因素，首先要考虑信息提供者对谈话间歇的耐受力。

在现代，创造沉默是蓄意而为。即使是在同一个房间里经历沉默的人，每个人都有说话的选择，即使只是一句“谁来说点儿什么吧！”的请求。对很多人来说，就算沉默不会让人情绪极端低落，沉默也很让人不安，总会有人说些什么，说不定就会有实质内容。

现代人对沉默的厌恶程度之强烈甚至会激起恐惧。没有敲击键盘的声音，没有空调的嗡嗡声，没有远处的交通噪音，人们就会觉得自己与环境隔离了。根据 6 年来对 580 名大学本科生的研究，澳大利亚查尔斯·斯特鲁特大学（Charles Sturt University）的布鲁斯·

菲尔得出结论，他们都“需要噪音，并且打破沉默”，这是一种后天行为。

使用沉默的军事策略是让审讯员保持沉默，或持续目不转睛的目光接触。在理想的情况下，信息提供者会感到不适甚至恐惧，开始脱口说话，建立或重建某种联系。在军事情况之外，除非你在盘问嫌疑人，否则使用沉默会截然不同。无论是保持凝视还是转移目光，都会让你的身体成为障碍，表现出敌意、厌恶或者其他消极反应。如果你是心理医生或者社交工作者，想让客户告诉你童年的黑暗秘密，这种效果可不顶用。

在保持沉默的同时，你还需要用肢体语言表现出你想让对方说话。

要想更娴熟地运用“沉默”这个方法来激励谈话，就要认识到谈话中的沉默不仅是言语的缺失。介入沉默的方式会有很大的意义。作曲家约翰·凯奇（John Cage）有一部著名的作品叫《4’33”》。我当时看到，在上台 2 分 44 秒后，他举起了指挥棒。乐队开始翻页动作，拿出乐器。观众的气氛高涨起来了，其间有一些紧张的咳嗽打断沉默。凯奇揭开乐谱，擦拭前额。他做出近乎佛陀的姿势，又举起了指挥棒。镜头移到一名巴松管演奏师的活页乐谱上，上面写着“动作 2——休止”，那表示乐器不能出声。观众中出现更多紧张的咳嗽声。凯奇看着指挥台上的钟表，时间一秒秒过去。突然，他翻开一页，所有的演奏家开始动作起来，擦拭着自己的手，或者触碰自己的乐器。之后，演奏到 4 分 33 秒的时候，约翰·凯奇离开舞台，观众爆发出热烈的掌声。

约翰·凯奇把沉默作为音乐体验的介入方式。自从 1952 年首次演出后，《4’33”》一直能激起演奏过和“听过”的人中的魅力、激情（不管是积极的还是消极的）、褒奖和好奇心。

作为言语和非言语反应的激励因素，沉默的应用面很广。军事审问官的沉默技巧可以吓唬坐在另一边的人。另一方面，凯奇对沉默的应用充满争议而又富有魅力，也有与沉默等效的谈话形式，比如大学教授可以悠闲地提出一个难题，然后耐心地等待，直到学生整理出答案。沉默也可以让人们思考自己刚才说了什么，接下来要说什么。在像天主教的弥撒这样的宗教仪式中，沉默是一种常见的体验。

## // 选择激励因素 //

《美国陆军战地手册》在介绍这些方法的前面是这样写的："除了直接的方法以外，其他单一的方法都不会奏效。审讯者要利用不同的方法，或者把它们紧密结合，形成合乎逻辑的整个技巧……各种结合不计其数。"

埃里克·马多克斯结合使用了"确定"和"减少恐惧"两种谈话激励因素，成功让信息提供者说出了答案。马多克斯的时间很紧，因为他快调任了，所以他得谨慎选择方法，尽快完成工作。

如果你像彼得·厄内斯特或杰克·迪瓦恩（Jack Devine）一样，是个"靠魅力"工作的人，激励因素可能会把谈话引入更加迂回的道路，充满诸如交换补偿、提升自尊之类的刺激，以建立让人信任乃至友好的关系。

选择使用什么技巧，基础在于你和他们在一起时的自在程度。有些人使用抑制自尊的方式，可能就觉得自己卑鄙；有些人使用沉默法，可能自己首先就感到紧张，他们的烦躁就会毁掉效果。根据情况选择你感觉最自然的技巧。留意你想从其身上得到情报的人，从他所说的话和肢体语言所告诉你他的情感状态中寻找线索，再实行下一步。

# Chapter 5 掌控交流

记住，不仅要在正确的场合说正确的话，
更难能可贵的是，在兴冲冲的时候管住未说出口的错话。

Remember not only to say the right thing in the right place, but far more difficult still, to leave unsaid the wrong thing at the tempting moment.

——本杰明·富兰克林

在每场采访、谈判或者调查中，当你为一定目的寻求信息时，你需要主导谈话。但就总体而言，你对方向的掌控在对方看来太明显的话并没有什么好处，这一章里的指导将帮助你巧妙地做到这一点。

一开始，要相信你的信息提供者有够驾驭谈话的能力，哪怕她只有 19 岁，是第一次找全职工作。逐渐处理局面就像你在下一盘棋：你们开局时拥有的棋子数是一样的，所有的棋子拥有的功能也是一样的。区别在于你对如何运用它们的策略已然深思熟虑，而她很可能并没有。

这一章涵盖了关于主导谈话的四种主要手段：分析性倾听，指引性提问，选择场地，以及懂得如何玩凯文・培根游戏[1]。

---

[1]凯文・培根游戏：这个游戏的理论是可以通过不超过 6 个人的介绍，认识到自己想认识的人。这个游戏就是通过这种方式，最终认识凯文・培根。

## // 分析性倾听 //

倾听意味着关注别人所说的内容。我把分析性倾听看作是带有一定目的的去关注。它有三个互相关联的元素：关键词、开放心态和统一步调。

### 关键词

你的信息提供者所用的关键词和概念能够提示你正在进行的谈话是否能让你获得你所需的信息。有时当那些关键词和概念全部被忘却了或全部没有出现时，你需要将它们输入到谈话中，否则你会发现你正在就不相关的内容进行谈话。

举例来说，2014 年 1 月 21 日，美国国家公共广播公司（NPR）的《新鲜空气》（*Fresh Air*）的一次采访中，主持人特瑞 · 格罗斯（Terry Gross）采访了杰昆 · 菲尼克斯（Joaquin Phoenix）。杰昆因在电影《她》（*Her*）中的表演而获得奥斯卡提名。他是一位迷人的嘉宾，也似乎真心想要配合做好一次采访。他主动说的时候很少，偶尔会偏离主题。最严重的一次是他一个劲地评论说自己有多无聊，最后说："有时候我就想，你懂的，我就想，谁在乎啊？"格罗斯回答说："我们，这些爱电影的人，在乎。"她这么一说就把他带回了谈话的主题——杰昆 · 菲尼克斯的电影。

我有一个情报界的朋友，这里我称他为杰克。他曾经告诉我一个故事，很好地说明了通过关键词，你对一个人可以有多少了解。而这也包括你需要意识到谈话中关键词的缺失。杰克决定找一位私人教练。第二次课程的时候，在 10 分钟的运动热身期间，杰克问教练平时如何消遣。她告诉杰克她有了新的男朋友，并且经常一起去钓鱼。在剩下的9分钟里，杰克坐在健身脚踏车上做热身，她则告诉杰克一些相关事情，例如没有倒钩的挂钩，正确抛钩的挑战，一天中什么时间钓不同的鱼，用不同的饵料，以及不同地点的鱼如何需要不同的饵料。杰克觉得这些都很有意思，但不是因为他觉得这些信息有吸引力。他一次也没听到教练回应他说“有趣”这个词。教练一次也没有形容钓到鱼是什么样的感觉。杰克觉得教练对钓鱼并不关心，或许她喜欢钓鱼的科学和过程本身，而不是真正钓到鱼。或者，她真正喜欢的是，男朋友和自己进行他最喜欢的活动，而这一过程中分享的知识和激动心情。杰克心里藏着这个想法，并决定下周接续跟进。

周一早晨，他进入健身房，径直走到脚踏车区开始热身。他的教练跟他打招呼说“早上好”。之后他说：“这个礼拜棒极了。你和你的男朋友去钓鱼了吗？”她回答说：“那个……”之后停顿了好一会儿，“我男朋友去钓鱼了，但是我决定把一些文书工作做完。”她没有和男朋友一起去钓鱼，那天晚些时候大家一起去聚会烧烤，直到那时他们才见面。

等到下个周一，他们又重复了上个周一的谈话内容。唯一不同的是“文书工作”变成了“家务活”。她必须做家务，因为她妈妈要过来看她。杰克这才知道教练的妈妈有两周没来了。

在接下来的几周，杰克没有再听到关于钓鱼的事。几个礼拜之后，他没有再听到关于教练男朋友的事。他告诉了我故事的第一部分，并十分确信教练不打算和那个喜欢钓鱼的家伙继续下去。除此之外，关键词也不见了。

## 开放思想

如果你内心的声音用嘲讽或厌烦去回应那个人，那么你更多的是在评断，而不是倾听。控制这些思想，不要表露太明显；你的信息提供者可能会感觉到它们的存在。容许自己质疑很重要，但别过了线，变成冷嘲热讽或吹毛求疵。

用媒体术语来说，你不会希望像鼓吹性新闻记者一样。鼓吹性新闻里通常发生的状况是，节目主持人在提问嘉宾问题的同时也在传播情绪性的观点。其结果经常是态势紧张，而没有得到答案。比尔·欧莱利（Bill O' Reilly）是一位政治评论员，也是电视节目欧莱利因素（*O' Reilly Factor*）的主持人。他质问巴尼·弗兰克（Barney Frank）在2008年全球金融危机中对美国所起的作用。弗兰克是一位政治家，2013年退休，在此之前他一直在众议院工作，长达32年，是当时众议院金融服务委员会的主席。欧莱利开始采访时抛出了一个问题："现在全国人民都应该生你的气，不是吗？"弗兰克坚持他的观点和论据，并回答了问题。但收看节目的人恐怕并不记得采访是那样的。人们记得的是一系列的挑衅，比如欧莱利的下一个问题："那好的，但是你七月的时候还是站出来说一切都很好，而那之后，很多人买了股票，搞得倾家荡产。"在那之后，有洞察力的观众就不太可能从这场交流中获得确切的信息。

## 统一步调

我们很多人都是快言快语。如果别人的步调比我们慢，我们就有抢别人话头的倾向。不管你是试图补足句子，还是插进去灌输一个想法，如果你想从倾听中获得最多的信息，那就不要打断别人说话。一旦这么做，你对信息的追寻就戛然而止了。

在我写作生涯的早期，我得到了一次机会，在一场障碍滑雪赛中采访一位奥运金牌选手，目的是了解她对精神和肉体锻炼的领悟。我们很聊得来，就像老朋友一样。但遗憾的是，那让我对谈话太过随意，对训练的讨论变得更加私人化，却没有顾到全局——她能告诉读者们他们训练的事情。我插进她说的话，把她带到另一条路线上，几乎永远失去了那些观点。

## // 指引性提问 //

指引性提问，是利用问题来引导谈话。区分问题的类型是一个有价值的起点，因为询问我们可能称之为“坏问题”的事情，会经常让你对交流失去控制。

吉米 · 派欧（Jim Pyle）与我合著了《超级询问术：如何通过交谈获得你想要的任何信息》（*Find Out Anything From Anyone, Anytime*）。他整理出了 6 类“好问题”和 4 类“坏问题”。如果谨慎使用，“坏问题”也有价值，但问题在于我们大多数人没有任何计划就使用它们，所以它们往往会让谈话偏离轨道。

“好问题”是：

**1. 直接类：**这是指直截了当的提问，可以用基本的疑问词或短语开始。你可以用谁、做什么、什么时候、什么地方、为什么，或怎么样开头，以获得一个叙述性的回答，还可以用“你曾经……吗？”“你是否……”“你会不会……”“你能不能……”，得到是或者不是的回答。

**2. 掌控类：**当问掌控类问题时，其实你已经知道答案了。它帮助你探测谎言，搞清楚那个人是否知情，或确认他是否在关注。比如，你的经理可能会问：“你是否在 10 点开会时及时把那份报告送给詹姆士了？”她知道你没有，但她想知道你会不会诚实地回答这个问题。

**3. 重复类：**派欧对此给出的定义，是两种变体中的一种。《美国陆军战地手册》建议，问重复类问题的一种操作方式是，把询问相同问题当作手段的一部分，以使信息提供者精疲力竭。与之相比，派欧指导说，它们是关于同一信息的两个或两个以上的不同问题，而又互相强化。这一特质对于应对那些误会、误听，或一开始想避开问题的询问对象十分有用。比如，麻醉师在你要做手术的那天早晨问你：“你最后一次进食是什么时候？”你意识到自己过了半夜就不应该再进食，你可能会说，“半夜。”谈话要结束的时候，同一位医生可能说：“现在是8点，我们准备好让你接受手术了。你现在肯定口渴了吧。你有多久没喝水了？”你的大脑回想起一大清早你喝过水，然后你说，“差不多4小时吧。”

**4．跟进类：**也被称为“连续问题”。这是指把相同问题稍微改造一下或简单地复述，以探寻目标信息的不同角度。跟进类问题的一个版本就是简单地问“还有呢？”那么，理疗师可能会问她的病人：“你有没有做些什么试图缓解你的压抑？”病人回答：“我散步。”理疗师怀疑病人也可能在自己用药，于是她问：“你还做了别的什么吗？”

**5．总结类：**这种问题可以让信息提供者重新审视自己的回答。你在反馈信息，很可能是一字一句重复对方所说的话。例如，一位妈妈可能问她的儿子：“其他三个男孩也参与了打架，我的理解对吗？”只是要注意，不要试图合并信息，将之变成复合问题。这类错误的例子是：“其他三个别的男孩也参与了打架，还有六个女孩站在一旁围观，我的理解对吗？”

**6．不切题类：**虽然这类问题因为与你正在寻求的信息看似不相关，而被称为不切题的问题，但它能非常有效地让紧张的人开口，或与某个人，甚至是怀有敌意的信息提供者，建立和谐的关系。在求职面试中，这类问题可以询问面试者在来的路上碰到的交通状况。在第一次约会时，这类问题可以是“你觉得这雨怎么样？”如果回答是愠怒的“糟透了！”那么这个问题实际上和你们约会的未来走向息息相关。

以下四类问题被认为是“坏问题”，因为它们缺失了好问题帮助发现信息的重要方面。它们涉及假设信息、混淆信息和丢失信息。

**1．诱导类：**你的问题本身就提供了答案。警察在一栋大楼外面抓住了一个凌乱不堪的年轻人，问道：“打斗开始的时候你就在那栋大楼里，是吗？”这个时候，他问的就是诱导问题。这位警察并没有证据，但如果他从这个年轻人口中得到“是”的回答，那他就有了嫌疑犯。

**2．否定类：**使用诸如、从不和不这一类消极词语，可以毁掉问题原本想表达的意思。一个典型的滥用是“你不太好吗？”我听到很多人回答说“不”，意思是：“不，我很好”，尽管提问的人并不是想问这个。

**3．模糊类：**这一类问题缺乏清晰性，这样一来，信息提供者就不确定对方想要的信息是什么。例如：“你听到喧闹声并走到街上经过那些卡车时，你看到了什么事正在发生？”问题到底是问喧闹声发出的地方在发生什么，还是问那些卡车发生了什么，这一点并不清楚。当你问一个模糊的问题时，如果信息提供者想要对你隐瞒事实，这就帮他隐瞒了事实，而他还不需要对你撒谎。

**4．复合类：**一个复合类问题会一次性提出两个或更多的问题。当记者采访像美国总统这样的对象时，他们觉得时间有限，导致他们普遍存在这个缺点。2013 年 12 月 20 日，在奥巴马总统的新闻发布会上，一位白宫特派记者问到国家安全局（NSA）海量元数据的真正价值，比如在爱德华·斯诺登事件的中心所涉及的部分。该记者要求总统举出其有用性的例子，又要求总统给出自己在这两件事上的看法：即该数据的有用性和国家安全局（NSA）是否应该继续收集数据的工作。当然，这些问题是相关联的。但是，最好把它们分开来提问。两个问题一起问，就让信息提供者有了一个简便的出口，他只要回答其中的一个，就可以避开剩下的问题了。

除了要有意图地利用每一类提问，选好你的谈话激励因素，会帮你将谈话引导至你想要的方向。无论是利用“礼尚往来”交换个人信息一类的刺激，还是说一番提升自尊的话，你都可以让一个人参与到你想要他参与的话题之中。

不管你提问的技术多么高超，有时人们的回答总会与你的所思所想背道而驰，而你又认为那个方向不能帮你得到需要的信息。那么你面临三种选择：

◎认可对方所谈论的内容，但是将她带回你想要讨论的话题上。这么做的一种方法是假装感兴趣：“我很高兴和你谈论这个话题，但是在此之前，请再多告诉我一些关于……”

◎去了解为什么对方改变了话题。比起你之前得到的，你的信息提供者也许正在提供更重要的信息。听到关于你最感兴趣的领域的关键词，然后你会想，“哇！幸亏他朝这个方向走了。”

◎随波逐流。如果你有时间有耐心，可以让对方继续谈论这个新话题，看看会不会有某个重要的点或信息浮出水面。很多人喜欢将自己的领悟和信息藏在故事中。你在分享自己因为要看牙医而有焦虑的情绪时，他们却开始告诉你狗的事情。可能需要花五分钟你才发现这个狗的故事和你因为要看牙医而担忧有着直接的联系。

下面的谈话是启发的一个例子，发生在吉米·派欧（Jim Pyle）打电话时。启发包括指引性提问，但是基本上这个谈话是设计用于让信息提供者专注地与你交谈，而不显露你真正的目的。这段简短的交谈说明了一个善于使用启发技巧的人如何得到一段简单的信息，而不需要脱口而出直接问。

吉米：那么你现在正在写书喽？

信息提供者：是的，我很感激你花时间来和我谈这个。

吉米：当然。那你现在在哪儿呢？

信息提供者：科罗拉多州的艾斯蒂斯公园。

吉米：我回到东部了。坐在折叠躺椅上，享受着傍晚吹来的凉风。但我想，现在这个时间你那里太阳应该还高高挂在天上吧。

信息提供者：我们四周都是蓝天和高山！

吉米：我们所在的地方，树木长到 80 英尺（约 24.38 米），直插云霄，所以我们这边太阳比周围更早落山。现在真的开始变冷了。但是你在山上一定习惯了夏天的低温。

信息提供者：这里最近热得不太寻常。

吉米：真的吗？

信息提供者：一般人们来艾斯蒂斯公园是因为夏天的时候这里只有 75 华氏度（23.89 摄氏度）左右。但是今天有 90 华氏度（约 32.22 摄氏度），而且我得说这样的情况已经持续三天了。

吉米：我听说一股冷空气从加拿大下来，还以为你那儿受到寒冷天气的影响了呢。

信息提供者：不。这儿可热了。

派欧的目的是去了解科罗拉多那个地区最近的温度。重点永远不是直接问，而是通过指引性提问来获取信息。不切题类的问题在这个练习中扮演了重要的角色。在学习第 9 章中埃里克 · 马多克斯的询问系统时要谨记这一点。

刚刚展示的这个基本技巧，也是当你问某人一个敏感话题，或他想隐瞒的一些事情时可以使用的。如果一个老练的提问者配上一个防守紧密的名人，以下就是如何在采访中应用该技巧的情况。在这个例子中，记者想知道该明星没有子女的背后故事。他在心里设想了两种方法可以帮他开始话题，而又不会冒犯她。因为在被直接问及私人问题时，她终止采访已经不是一次两次了。这个例子基于一场真实的采访，但为保护采访人和被采访人，下面的内容已做修改。

霍华德：你的大名我如雷贯耳，你的人生精彩而有趣。但你是否像我一样，你是否问过自己，哪些事我本来可以做得更好？

信息提供者：哦，这个问题提得好。（这个表达是人们插进来为自己争取时间用的。这个问题让他们停下来考虑如何回答。）

信息提供者：嗯。我想如果有一件事我本可以做得更好的话，那就是让我自己更多地沉浸于科学学习中。我毫不犹豫地就进入戏剧界。我热爱剧场，但是，真不愿意承认，戏剧界的人并不怎么喜欢我。有很多我曾经喜欢的人，但是也有很多人极其模棱两可。但我和很多科学家有来往，这不只是在大学的时候，我开始在专业剧场工作后也是一样。我甚至和一位化学教授约会过。我很多好朋友都是科学界的。

霍华德：科学是一个大领域。哪一类科学最吸引你呢？

信息提供者：人的科学，大脑的科学。这种科学解释人类的行为，而这也是我被戏剧界吸引的一部分原因，去理解人。我觉得要是我能在那个领域获得学历就好了。

霍华德：如果是你，会研究人类行为的什么内容？

信息提供者：什么意思？

霍华德：你会研究什么来让自己受益？不管怎样，那不就是我们为什么会不假思索地投入到一件事情中的原因吗？

信息提供者：啊，是的。嗯……我想或许是我对冒险的阴阳关系。很不可思议地，我倾向于某些方面的冒险，但同时，另一些冒险我则完全不想涉足。在我的事业里，我会身体力行地做一些人们觉得疯狂的事情，但有些其他的事情，比如当妈妈，我觉得，我是永远不会干的。（笑）那个风险太大了。

霍华德：风险太大？

信息提供者：是，风险太大。我永远不会干的。

霍华德：你最多发展到哪一步，比如，哪怕是考虑过？

信息提供者：差不多。我是说，我结过婚。

霍华德：婚姻是一种关系，但是当妈妈是一种经历。你曾经离那种经历有多近？

（这时，陷入了片刻的沉默，但霍华德并没有试图打破它。他知道她要么会继续说下去，而他将获得想要的回答，要么她会就此打住。）

信息提供者：嗯。很接近。

霍华德：当有了那个机会，很多人会做出选择。

信息提供者：或者你的身体替你做了选择。

霍华德：确实。但人们也替身体做出选择。

信息提供者：非常正确。

霍华德：现今，这个世界上发生过很多那样的事情，它使人两极化。

信息提供者：确实如此。就像你看看发生在马萨诸塞州的事情（以下简称麻省）。

霍华德：那里发生了什么？

信息提供者：最高法院否决了麻省一项法律，该法律要求示威者不得堕胎。于是两个礼拜后，这简直是创了纪录，麻省通过了一项法律，帮助那些想要堕胎的女性争取重获她们的权利，而不用再遭受骚扰。

（这时，任何一个提问者不仅都能察觉回答中隐含的情绪，还能察觉到像“权利”这种暗示信息提供者观点的关键词。）

霍华德：你和这些女性深有同感？

信息提供者：当然！

霍华德：哇。你或许没有学过大脑的科学，但对于人们在艰难处境中的想法和感受，你绝对很有领悟。这绝对是其中的一个。我认识很多人或被动或主动地不要孩子。

信息提供者：我是主动不要的。

像这样的交流，跟踪信息提供者的线索很重要。信息提供者的线索，是在谈话过程中信息提供者吐露的信息，你觉得值得追寻的信息，也就是，被提到的额外的人物、地点、事物或事件，值得注意的。

指引性提问也可以包括主动给出某一信息，将信息提供者引上你设计的路线。执法部门的专家总是把这个方法用在嫌疑犯身上。在一起案件中，他们给出一个事实——他们和嫌犯都知道是真实的事情，然后等着嫌犯自己往下说。例如：一位警探可能开口说，“受害人上半身有一处伤口。”嫌犯可能回答说，“我没有开枪打她！”首先，警探没有提到过开枪；其次，他从没有说出受害人的性别。

对于指引性提问的各个方面，出色的记者都深谙其道。他们能够引导一个总是武断的人接受一次有价值的采访，并不是偶然。比如，理查德·萨科娃（Richard Sakwa）是一个观点强硬的人，他经常猛烈抨击西方世界对俄罗斯的某些政策和举措。萨科娃是《普金和寡头们》（*Putin and the Oligarchs*）一书的作者，也是肯特大学（The University of Kent）俄罗斯及欧洲政治学教授和国际关系学院的院长。对于美国及许多欧洲国家几乎任何一个媒体人来说，采访他都是艰难的挑战，因为萨科娃所持的许多观点在那些国家并不受欢迎。采访很可能会遭到排斥，这会导致两种消极结果：让采访充满太多情绪；阻止萨科娃提供大量重要信息。就像任何日程排满的受访者一样，萨科娃也想要传播特定的观点，而且知道如何操控谈话以达到目的，他是那种特别考验广播记者掌控谈话能力的嘉宾。

听完杰里米·霍布森（Jeremy Hobson）在美国国家公共电台（NPR）《此时此地》（*Here and Now*）节目中对理查德·萨科娃的采访，我给他写了一张纸条。因为严格来说，我觉得他控制得非常出色。他先问"是或不是"的问题来阐明萨科娃的观点，接着问"为什么"，让他的嘉宾利用历史上和当今事件中的故事来解释自己的观点。我在写给霍布森的便签中问他，一切是否按照他预计的进行，因为那是判断一个人是否掌控谈话的决定因素。他的回答写道，"有很多他（萨科娃）说的事我都想挑战，而我确实也挑战了一部分，但我不想采访偏离轨道。我没有足够的时间和他一起深入每个细节，所以我选择努力保持对话切题。"

在对霍布森的采访中，我请他具体说明他在主导现场谈话时使用的技巧。它们适用于任何职业的人：

◎强调做功课。不止准备好问问题，而且还要跟进问题。他是这么采访萨科娃的：他首先挑明萨科娃在关键问题上的态度，接着问具体“为什么”的问题。

◎利用“你的意思是什么”的问题给嘉宾更清晰解释观点或概念的机会。

◎当嘉宾对回答有意回避的时候，采用不同的方式重复问同一个问题。他发现，对于那些对特定问题遮遮掩掩的政客，这个方法特别有用。“就算我没有得到回答，我也会让大家看到是他们没有给我一个回答。”

◎以某种版本的“是或不是”开始提问，之后抛出问题，以增加就某一态度获得确切回答的概率。比如，就最近发生的边境事件采访一位嘉宾，他问道，“你觉得他们应该被遣送出境吗？是或不是？”然后嘉宾最终回答说，“我不会告诉你是或不是。”这个回答透露了这位嘉宾的很多观点。他很明白地表示反对移民改革，而且早先已经声明自己站在被遣送者这一边。

// 选择场地 //

选好你们谈话的场地会提供十分明显的优势。解决场地问题的方法有两种：

1. 把对方请出她的舒适区，到你的地盘，这样你更易于计划和掌控。

2. 选择一个安全而私密的地点，这样对方会更倾向于自由畅谈。

很多天主教忏悔室二者兼具：相对较小的、昏暗的，由两三间小屋相连而成的单元，每间小屋只比老式电话亭大一点。忏悔罪过的人或坐或跪在隔板的一边，而牧师坐在另一边的黑暗之中。大多数人会因为黑暗、受限的空间、不自然的姿势，以及他们将坦白自己罪过的事实而感到不自在。他们也是在一个神圣的地方，即他们认为的上帝的房子，所以这就成了一个威吓的因素。但同时，这个环境又提供了极大的私密空间，至少在里面的时候是这样。你向牧师坦白你干过的所有可怕的事情，自你上次来忏悔之后，你所干的每一件坏事。

在日常生活中，你很可能不会遇上类似忏悔这一类型的经历，但这个场设的元素给了我们很有用的提示，什么能让人们倾吐心声。

在这里起作用的还有另外一个因素，在决定你们进行交流的场地上也很有用：仪式。在忏悔室里，一个来寻求宽恕的人告诉牧师某些事情，而牧师也告诉这个人某些事情。仪式贯穿整个经历，甚至细到牧师穿什么衣服来主持圣礼。

像老板办公室这样的地点可以触发仪式行为。一个来见老板的人会毕恭毕敬地坐在桌子的对面。如果某位雇员来询问老板关于她加薪和升职是否可能，那个地点可不会帮她达到目的的。她可以问老板，能否在公司咖啡屋人流量最少的时候边喝咖啡边聊，并且在那里工作的人都直呼她的名字，并向她问好。

选择地点的时候，要考虑你的信息提供者对周围环境的刻板程度。我的一个朋友在华盛顿和一位说客共事，这位说客是习惯性生物，我的朋友以前从未见过这样的人：衬衫中等硬度；他们一起工作的时候，他三间办公室的摆设总是放在完全相同的位置；每两年换一辆同种型号的汽车；每天准时上下班。她告诉我，她想升职去国会山，他的作用最关键，但她得提前了解他是否愿意帮她。她该怎么做?

我知道他是个新闻爱好者。我建议她找一天工作得晚些来和他保持步调一致，然后在一起动身回家前，请他一起看一个特定的新闻节目。他同意了，然后他们在会议室里看电视的时候，她提起想让他帮忙的事。他坐在一个皮沙发上，而不是他平时坐的办公椅，而且在这个环境下显得没有平时那么古板了。他说，“当然。我们周五一起吃个午饭，再详细讨论吧。”

就算她是坐在他办公室里巨大的办公桌的另一头问他，他也可能会答应。但事实是，因为她选择了一个更放松的场所，所以能够更好地掌控这次互动，这对双方都起了作用。

## // 四、五、六度分割 //

玩凯文·培根（Kevin Bacon）游戏意味着在看似不相关的主题或事实间找出联系，从而将谈话引向你想要的方向。这是六度分割理论的一种变形。其数学理论前提是，通过联系，地球上的每个人和别人之间只隔着六个人。在凯文·培根游戏中，就是要找出 ×× 演员是如何与凯文·培根产生关联的，重点是你总是回到凯文·培根身上。如果你擅长于联系事物，你总是可以找到办法把谈话带回到你想讨论的主题上来。

比如，你们办公室里到处都是关于大幅裁减员工的传闻。你听说数千人可能会失去工作，而你想搞清楚自己会不会是其中的一个。凡妮莎，你们的区域人事主管，口风很严，似乎从没有说漏过机密或不当的内容。但如果这栋楼里有谁知道到底有没有裁员，那这个人就是凡妮莎。你敲响她的门，请求和她谈两分钟。

凡妮莎：当然，请进。

你：想征询一下你的意见。我想请一个礼拜假去道奇成年人棒球训练营。

凡妮莎：听起来很有趣。我的意见是“去吧！”

你：好的，但是我也想我该把这个时间用在学习课程上，做好准备去考私人教练证书。

凡妮莎：有意思。你在考虑换职业吗？

你：目前还没有。但我在想退休后一个好的选择是我可以当一名教练。

凡妮莎：哇——考虑到你的年龄，那真是个好的长期规划，但你听起来好像很有热情。你对你现在的工作还满意吗？

你：只要公司继续支持我所需的技术升级，让我保持与时俱进，我非常满意。

凡妮莎：好的，你知道公司不得不对许多领域进行缩减，而培训正好可能是其中之一。

你：真的吗？

凡妮莎：公司近期很可能会启动很多缩减经费的措施。

你：比如说？

到这里，你很可能已经从凡妮莎那里听到你需要的信息。她最后说的两句话包含了短语“缩减”和“缩减经费的措施”。她同时也把自己和那些概念隔绝开——事实上，她在自己和坏消息之间设置了一个屏障——她以“公司”开头。虽然没有告诉你关于裁员的事，但她透露了她心里的所想所感。结束的时候，你告诉她她帮了你很多，而且你决定去学习以准备证书考试。当她笑容灿烂地对你说“我想那是个很棒的选择”，你就更能确信会裁员了。如果你正在为自己谋出路，她给你解雇通知的时候也不会感到有那么大的压力。

通过在两个主题之间寻找联系，来获得你所需的信息的技巧，你很可能每天都在用，却没有意识到。当你有了日程安排，你所需要做的就是找到一个天衣无缝的方法，把你需要知道的和别人在说的联系起来。最关键的词是“天衣无缝”。

## 练习：联系概念以掌控谈话

找两个看似不相关的主题，然后看看你如何能够流畅地衔接二者。为了说明这一切如何实现，我从2014年7月23日的MSN.com上随机选择了两个不相关的标题：“麦当劳解雇了让女儿自己玩的母亲”和“玛氏调高巧克力价格”。

甲：麦当劳解雇了一名单亲母亲，她上班的时候让自己的女儿在附近的公园玩。你怎么看?

乙：难说，但我的直觉反应是那位妈妈没得选择，而且那个孩子有很多其他成年人看护。

甲：我同意。我为那位妈妈感到难过，不仅是因为警察逮捕了她，也因为正义人士的抨击。我是说，处于她那个位置的人请不起保姆，要时时刻刻地看着他们的孩子！

乙：确实如此。我们正处于经济紧张时期，我是指我们这些没钱的大多数人，我看到很多家长本意是好的，但都会发生这种情况。

甲：这位母亲面临的这个问题，是一个更大问题的缩影。我们有很多巨大的经济问题，这让我们很难成为好家长，经营小生意——随便你说一个。

乙：说真的！我邻居在镇上开了一家巧克力店，她告诉我可可豆今年的价格上涨超过了 50%，所以她的巧克力供应商把她害苦了！

甲：是的，我看到说好时、玛氏还有雀巢都调高了他们巧克力糖果的价格。

这是你要挑战的任务：找一页新闻上的两个主题，然后在六步之内将它们联系起来。不管是报纸、MSN.com，还是别的新闻来源，都没有关系。不管是加沙战争，还是美国 40.1 万人退休计划，还是贾斯丁·比伯( Justin Bieber ),还是植物学中的豚草( ragweed ),你都可以找到一个办法，不费力气地从一个主题转移到另一个主题上。

倾听和提问搭配使用可以帮你避免会阻碍获得真相的一些陷

阱，至少能让你一直走在通往真相的道路上。这些陷阱包括丢失的线索，比如，告诉对方你所知道或关注事情的关键词，因为问错问题而误导了谈话，以及说得太多。这最后一个陷阱可能是寻求信息的人在销售、谈判、采访，甚至私人谈话中经常犯的最大的错误。

# Chapter 6 分析信息

训练，你如何处理信息的这种文化，才是重要的。

The discipline, the culture of how you approach information is what's important.

——杰克·迪瓦恩（Jack Devine）

美国中情局海外行动处前处长

真相会给你至关重要的方向感，让你知道关注什么，

这是对现实深刻且意味深长的理解。

Truth gives you a critical sense of direction and focus;

a deep and meaningful understanding of reality.

——雷·德克尔（Ray Decker）

美国政府问责局（GAO）打击恐怖主义评估处（Combating Terrorism Assessments）前处长、退休情报官员

在搜索引擎上输入“为什么我们没去阻止 9·11 事件？（Why didn't we stop 9/11）”，你得到的可能和我一致：逾 2200 万条搜索结果。其中第一条是 2004 年 4 月 17 日载于《纽约时报》的一篇讽刺性文章，作者是尼古拉斯·克里斯托夫[1]，是一位曾获普利策奖的记者。在文章中，克里斯托夫虚拟了中情局情报官和小布什总统之间的一段对话，在听到涉及本·拉登的情报时，布什总统吃惊道：“天啊！”“咳！”尽管这一虚拟的对话暗示在袭击发生前数据点已经构成联系，告诉我们本·拉登将怎样发动袭击，然而，克里斯托夫也谨慎地指出，“这样虚拟的对话有点不公正，因为这样的假设发生在事后，有一种马后炮的意味。”

不幸的是，这一问题的许多其他讨论者可没有克里斯托夫这般理性。在一篇又一篇的分析中，你可以看到对美国政府的攻击，指控它在分析已掌握的数据上失职，也就是所谓的情报故障（intelligence malfunction），现在普遍称其为“未能找到其中的联系”。一篇题

---

[1] 尼古拉斯·克里斯托夫（Nicholas Kristof），美国记者、作家，曾两获普利策奖。从 2001 年 9 月起，他在《纽约时报》上开有专栏。

为《“9·11 事件”是可预见的》（*9/11 Was Foreseeable*）的文章发布于 2008 年 4 月 26 日，文章作者列举了多种证据来支撑标题所做的断语。这篇文章认为谁应该负责呢？要负责的人非常多，包括美国联邦调查局（FBI）、国家情报委员会（National Intelligence Council）、中情局（CIA）、联邦航空管理局（Federal Aviation Administration）、美国司法部（Department of Justice）、美国国家安全局（NSA）、五角大楼（美国国防部）官员，以及北美防空联合司令部[1]。甚至作家萨尔曼·拉什迪（Salman Rushdie）也称自己曾预感可能会发生什么大事。这篇文章随处可见超链接，所以我决定一一点击，看看链接都指向什么地方。

点击这些链接后，我抽样得到以下结果，其中许多都是无效链接：

◎萨尔曼·拉什迪证据的信息源是个失效链接。

◎时任美国国务卿的康多莉扎·赖斯（Condoleezza Rice）曾于 2001 年 9 月 6 日收到警告，称美国本土很快会遭到恐怖袭击，这一论断的信息源是参议员加里·哈特（Gary Hart），他在此之前刚做了一场如何对付恐怖主义的演讲，并同赖斯约见讨论了他的顾虑。

◎美国官员曾在 1998 年收到“本·拉登密谋在纽约、华盛顿发动飞机袭击”这一警告，关于这一消息源，其中一条链接指向美国有线新闻网（CNN）的网站主页。我在 CNN 网站上搜索这一引用的词组，得到的是一位 CNN 专栏作家写的一篇新闻分析。

---

[1] 北美防空联合司令部（North American Aerospace Defense Command，NORAD），美国和加拿大于 1958 年 5 月 12 日签定协定，决定成立联合防空机构北美防空司令部，有效地监视和警戒可能来自苏联的弹道导弹和远程轰炸机的袭击。

◎给美国官员的一份报告的消息源同样是个死链接，报告人未透露姓名，这份报告称“一伙身份不明的阿拉伯人计划驾驶一架装有爆炸品的飞机……撞向世界贸易中心大楼”（在这篇文章中同样包含代表遗失信息的“……”）。

分析数据时还应注意以下三点，这三点相互关联：

1．核对你的数据源，确认无误后方可称自己拥有证据。

2．分析信息时，动用想象力，但要消除自己的偏见。

3．连点成线时，确保自己知道这些点所处位置的正确性，以及它们如何相互关联。

## // 核对数据源 //

本部分是对第二章核查数据源论述的补充。第二章专门讨论信息提供者，也就是同你交流的人，同时你也在交流中判断他们的真实度。而这一部分将关注纸质、影音信息源。在这个基于网络找寻真相的时代，这在很大程度上也就意味着你需要学会甄别网络上的信息。

《虚拟的非现实：你怎么知道是真的，就因为那是网上说的？》（*Virtual Unreality: Just Because the Internet Told You, How Do You Know It's True?*）一书的作者、新闻学教授查尔斯·赛弗[1]把互联网谎言泛滥比作传染病。他在书中说到，“传染病之所以很恐怖，原因就在于它在人与人之间传播的速度是那么快，持续的时间又那么长，它突变的速度是那么迅疾。”信息会像病毒般扩散，瞬间传遍全球，存在时间达数年之久，而且它们会永远改变我们的检索词辞库，甚至不管是真是假都会影响到我们的观念。因此，赛弗把数字信息称作“传染媒介”，也就是一种携带某种传染病（在这里是指有瑕疵的信息）并在人际间传播的介质。

我与美国中情局海外行动处前处长、阿金集团联合创始人之一的杰克·迪瓦恩（Jack Devine）有过一次谈话。在那次交谈中，他给我举了个例子，说明这种传播是如何在书面或数字信息中实现的：

---

[1] 查尔斯·赛弗（Charles Seife），美国作家、记者、纽约大学教授，曾为《科学》杂志和《新科学家》（*New Scientist*）供稿，之后入职纽约大学新闻系，并于此被评为教授。

“你拿到的是虚假的证明（false confirmation）。玛丽安，我在这次访谈中告诉你关于某条新闻我的观点。你把这个又告诉你在《纽约时报》的一位记者朋友。然后，《纽约时报》发表一篇文章，表示这一观点就是事实。《经济学人》也这么做。最后，我坐在这里，一边读着《经济学人》，一边心想，‘天哪，我分享给玛丽安的信息肯定很好，不然怎么会被各大报纸竞相报道呢。’”

这一现象的发生可能简单至极、几近愚蠢，错误信息便可以冒充真相四处传播。举例来说，1973 年，我错听了《你死我活》（Live and Let Die）这首歌的一句歌词，这首歌是保罗・麦卡特尼、琳达・麦卡特尼[1]为同名电影创作的主题曲。当时，我还是个学生，自作聪明地对我的一位朋友说，这首歌里有个明显的语法错误。大概过了三十年，我们碰巧在一起听到了这首歌，她提到自从知道那个错误，每当听到这首歌的时候都觉得难受。在这三十年间，我后来弄清了歌词具体是什么，并且告诉她当时是我自己搞错了。当然，这首歌响起的时候，如果她和另外一个人在一起，可能有时也会指出这个所谓的语法错误，因为所有人听到的都一样。我自己犯的错误不仅让谎言获得生命，还误导了别人。

这种谎言的症状甚至可以用来制造活人的身份。美国国家公共电台、国际公众电台曾联合制作了一次访谈，题为《充满怀疑的网络》（A Web of Doubt），赛弗在访谈中简单描述了创造“假人”的多个算法，假人即指脸书上并非真实存在的好友或者推特（twitter）

[1] 保罗・麦卡特尼（Paul McCartney），1942 年 6 月 18 日在利物浦出生，是一位英国歌手、音乐创作家。他的事业在于他成为披头士乐队成员时攀上了巅峰。琳达・麦卡特尼（Linda McCartney），保罗・麦卡特尼的原配妻子，于 1998 年患乳癌去世，二人曾合作创作多首歌曲。

上的僵尸粉。他说到，经常出现的与这些“假人”相关的关键词是“培根（bacon）”。也就是说，“假身份制作软件”可能把“培根”和“专家”组成一对，创造一个虚假身份（赛弗甚至实际去搜索推特上有多少人给自己贴“培根专家”这一标签，发现有2100人。他们中的许多还有其他相同的描述，包括酒精、流行文化、大师和粉丝）。这个不存在的人关注社交媒体上的其他人，然后便有了自己的生命；一旦别人也关注它，账号的创造者便可以推送链接，或是抬高某人/某网站在搜索引擎上的排名。傻瓜投资指南（Motley Fool）是一家旨在帮助投资者进行更明智投资的公司（公司网站同名），在一篇题为《推特上的僵尸粉有几何？》（*Twitter's Very Real Fake Problem*）的文章中，这家公司量化了网上虚假身份的问题。在推特的九亿七千四百万用户中，有44%的用户从未推送过什么东西，这也在一定程度上反映了这个问题。而下面的数据则更为直观：“Status People[1]僵尸粉检验工具（Fake Follower Check）是一款利用算法来检测粉丝中有多少是僵尸粉/不活跃用户的软件，经其检测发现，奥巴马总统的4250万粉丝中有80%是虚假/不活跃账户，Lady Gaga的4130万粉丝中有75%是这样的用户。”

另一个常见的欺骗手段就是——具有真实身份的人另造假身份，来对图书进行评论（有褒有贬）、讨论政治、攻击科学研究，等等。赛弗把这些假身份称作“马甲”。2012年，脸书透露其8亿3090万的用户账户中有近10%是虚假的。

我们甚至不知道人们的真实相貌如何。下图是我的一张照片，

[1] Status People，一家外国网站，有偿提供多种检验社交网络上虚假账户的工具。

曾放在我和格里高利·哈特利合著的《身体语言手册》（*The Body Language Handbook*）的第 62 页上。

放这张照片是为了演示如何用手做一个自我安抚的手势，叫作适应行为（adaptor），因此，我相信如果我把右眼下的皱纹 PS 掉，也不会有人说我们造假。要是我后来肯花钱买瓶好点的眼霜，那么

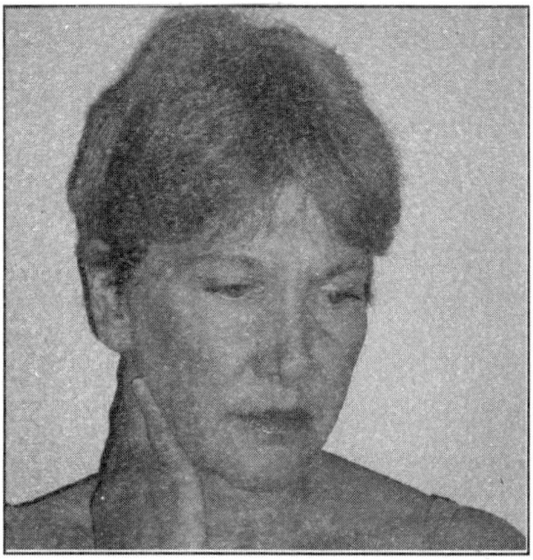

这张照片可能较准确地表现了我的相貌。这点润色远远不及无数名人照片所做的处理，他们的照片出现在杂志上时，身材甚至比芭比娃娃还要苗条，皮肤也比芭比更嫩滑。要是你想知道某位电影明星到底长什么样子，这不代表你就是气量小。你不过是好奇而已，有好奇心是好事。只有你想知道“真相”，狗仔队才会有事忙活。

四处横飞的谎言能深远影响人们的判断，并最终影响他们的信念。反疫苗游说集团[1]便是一个很好的例子。它们在社交媒体上组织有序，推销某种观点，但是却经常以科学的口吻介绍它。一旦有足够多的人信奉某一观点，网上就会出现各种博文推送文章，论证该观点的科学性。反疫苗运动最常见的口号之一是“麻疹疫苗可

[1] 反疫苗游说集团（anti-vaccine lobby），对于预防接种的反对由来已久，久到可能和疫苗存在的时间一样长。国外存在代表各方势力、利益的游说集团，试图影响政治和各项政策的制定。

能引发自闭症”。12 年前，安德鲁·威克菲尔德[1]的研究工作让这一假定的联系披上了科学研究的外衣。但是，《柳叶刀》[2]杂志于 2010 年 2 月撤回了威克菲尔德 1998 年发表在上面的那篇文章。威克菲尔德被判违反职业操守，并被吊销行医执照。不幸的是，从论文发表到撤回之间的 12 年，虚假信息一直在影响着儿童的健康和生命。

维基百科（Wikipedia）给予投稿人创造真相的权利。说得具体点，一个词条下的信息可能开始的时候还是谎言，但是最终成了事实。具体机制是：用假信息来编辑词条下的简介，在尾注里使用一条虚假的引用源，并希望不被维基百科的真相检验员发现（他们真的会去检验！），再等着这条信息被其他人引用，等到一条合法信息源在维基百科参考文献添加的尾注中引用这条信息后，该信息再回来引用这一条合法信息源。

人气很高的棒球外场手迈克·楚奥特（Mike Trout）就是这样取了“米尔维尔流星（The Millville Meteor）”这个外号。一位粉丝将这一绰号放在一家网站的论坛页面——楚奥特来自新泽西州米尔维尔市，别人看到这个绰号肯定觉得，如果把这绰号加到这位冉冉升起的棒球新星的维基百科词条解释里，肯定会很有趣。接下来的便成了历史。Baseball-reference.com 网站是关于球员绰号、统计数据的权威

---

[1] 安德鲁·威克菲尔德（Andrew Wakefield），英国医生、医疗研究员，因他 1998 年发表的欺骗性论文臭名昭著。其声称使用麻疹、腮腺炎和风疹 (MMR) 疫苗和自闭症、肠疾的出现有关联，该观点后来被推翻。

[2]《柳叶刀》（The Lancet），英国医学杂志，目前世界医学界最权威的学术刊物之一，也是影响因子最高的 SCI 刊物之一，其在医学界的影响甚至超过了 Nature 和 Science。

信息源，它曾采用了这一绰号。人们开始把楚奥特叫作“米尔维尔流星”，楚奥特本人第一次听到这个外号时表示非常惊讶，但后来决定就用它。

说到我们是多么容易被网络上和书面信息源误导，不得不提的便是瑞恩·霍利得[1]的故事。他曾让几大顶级新闻机构的记者看起来像傻瓜，会相信尼日利亚王子要给他们汇钱的那种傻瓜。我们且不去指责这些记者容易被骗，来看看霍利得是怎样给我们所有人迎面浇一脸冷水的。如果我们没有充分质疑听到或看到的信息，我们自己也可能把银行账户信息发给那位尼日利亚王子。

当时 25 岁的霍利得订购了一项名为“为记者帮忙（Help a Reporter Out）”的免费服务，这项服务会每天推送记者需要咨询的专家。涵盖的门类非常多，你能想到的都有，既有极度专业的问题，也有大众关心的话题，还有流行的文化主题。霍利得在助手的协助下，把自己打造成能应对所有咨询的全能专家。在仅仅几周内，他就收到了许多寻求他专业帮助的请求。他摇身一变，成了能够就许多话题发表见解的专家，包括“呀世代”[2]、长期失眠、工作场合举止怪异（在汉堡王 [Burger King] 工作时，假装有人向他打喷嚏）、给船加防冻设备和黑胶唱片，而他本人对这些话题要么一无所知，要么知之甚少。他发表的关于黑胶唱片的见解甚至登上了《纽约时报》，而在它

---

[1] 瑞恩·霍利得（Ryan Holiday），生于 1987 年 6 月 16 日，美国作家、市场营销专家、企业家。他是作家塔克·麦克斯（Tucker Max）和罗伯特·格林（Robert Greene）背后的媒体战略家。

[2] 呀世代（Generation Yikes），英美等国对于出生于千禧年（2000 年）之后的人群的统称，以方便某些方面的研究或统计，因为他们往往具有相同的特质。

之前，路透社、ABC 新闻、CBS 和 MSNBC[1] 等新闻机构同样相信了他提供的虚假故事。

没有人对他做最基本的调查，否则他们肯定会发现他的书《相信我，我在说谎：一位媒体操纵者的自白》（*Trust Me, I'm Lying: Confessions of a Media Manipulator*）当时面世在即。亚马逊网站（Amazon.com）是一个很好的工具，你能在一本书还没出版的前几周或几个月找到它的出版日期。

我问过霍利得，他会向寻找信息的人提什么建议，以免他们被骗。他给的三条小窍门的第一条就是针对记者的："别使用为记者帮忙（HARO）这样的服务。"我自己有在公司公关部门供职的背景，能够理解他这样说的道理。我当时的工作是，在我服务的高管、机构与时事新闻及报道专业领域的记者间建立联系，往往会受到这样的诱惑——想夸大客户或老板的专业知识对某篇"故事"的重要性。记者的期限越紧迫，把"专家"观点成功放在"故事"里的概率就越大。

如果你取"故事"一词最广的词义，另外两条小窍门对所有人都有用：

◎别让信息源来找你，自己去寻找信息源。

◎让信息源影响故事，而不是用信息源来填充你已经写好的故事。

---

[1] ABC 新闻：（ABC News），美国广播公司（ABC）的新闻分支，为沃特·迪士尼公司的迪士尼媒体网络部所有。它的王牌节目是每晚播出的夜间新闻（ABC World News Tonight）。

CBS，全称哥伦比亚广播公司（Columbia Broadcasting System），一家美国商业电视、广播网，是 CBS 集团旗下的旗舰公司。总部位于纽约的 CBS 大厦，主要的节目制作场所位于纽约和洛杉矶。

MSNBC，一家美国基础有线、卫星电视网，提供新闻报道和关于时事的政治评论，代表改革派。

对你看到、听到的所有信息持怀疑态度。这对我们大多数人来说并非易事，因为我们容易相信身边可以信任的人。但是在新闻报道、博文撰写时，这种容易相信人的现实让我们变得自满。在这本书中，我竭尽所能地用文献证明所引用的观点和研究，并做了相应的尾注，这样读者可以证实或挑战我的结论，但是我有可能在一些点上出了错，或是我的引用源出了错。挑战这些论断吧！核对你的信息源！

## // 调用你的想象力 //

我曾多次参观华盛顿特区的国际间谍博物馆（International Spy Museum），听到过不少关于信息分析的经典故事。令我印象最为深刻的是，历史学家罗伯塔·沃尔施泰特（Roberta Wohlstetter）关于 1941 年珍珠港上发生和没发生事情的见解。在她的《珍珠港：警告和决定》（*Pearl Harbor: Warning and Decision*）一书中，沃尔施泰特摆出了丰富的历史事实，这些史实表明日本对美国是个威胁，攻击目标已瞄准美国。她在书中称，尽管美国得到了可靠情报证明日本将要发动袭击，但是因为"想象失败（failure of imagination）"，没有采取任何行动阻止袭击。当时的美国领导人谁都没料到日本会那么干。这一看法基于这样一种事实——在某种程度上，美国领导人只盯着美日之间的相似之处，从而得出日本不会轰炸美国领土的结论。

因而，沃尔施泰特的分析表明，即使所有有助于看清事实的元素都在面前，人们可能还是不能看到事实，因为他们的想象力受到了约束。假设、偏见、规矩、习惯或其他起作用的因素为分析师的想象设限。比如，丈夫怀疑妻子出轨，却得出这样的结论：虽然妻子举止异常，还半夜打电话，但是她不可能出轨，因为她是不会这样做的。教授认为向来拿 D 的学生上次考试得了 A，不过是学习用功了，而没有相信他偷了一份考卷的信息；认为他学习用功才是他想要相信的。

雷·德克尔（Ray Decker）观察过中情局、国防情报局[1] 和其他

---

[1] 国防情报局（Defense Intelligence Agency，DIA），也称为美国国防情报总署，它通过参谋长联席会议向国防部长汇报工作。主要职责有：收集整理保管军事情报；监督各军情系统计划的执行等。

联邦情报分析师成功避免“想象失败”的案例。德克尔是一名退休情报官和联邦高级主管，他曾在“9·11事件”前后担任美国政府问责局打击恐怖主义评估处处长一职。美国政府问责局负责对联邦项目评估、估价，确保项目实施巧妙，国会分拨的资金得到良好的管理，项目实现预期效果。肩负这一使命，美国政府问责局的分析师必须评估项目是否取得了预期的效果。对于失败或低效项目，他们要找到原因，提出改善的途径。在那里任职时，德克尔的一部分职责就是领导一些分析师，分析联邦应急团队对恐怖威胁反应的能力，找出可以促进它们之间协调的机会。

他在情报领域工作了几十年，曾与许许多多的情报官员和分析师共事。基于这段经历，他得出这样的结论：

“我合作过的最棒的分析师不仅会跳出框架来思考，而且完全当框架不存在。他们会看到一个问题，但不会说一些话限制他们自己的思考，比如‘这是关于飞机的，我只能联想与飞行相关的’这样的话。相反，他们会想到医学，或者运动，或任何一个领域，为信息集成提供思考角度。他们会尝试从各个角度来分析问题，绝不会认为答案只有一个。”

读大学时，我曾选修过一门《科学哲学》课。在这门课的第一周里，我还能跟上老师的授课和课堂讨论。但是，在接下来的十四周里，我坐在教室里，大部分时间都在想大家讨论的是什么。我的专业是演讲和戏剧,对于这门需要掌握一些物理学和其他科学理论的课程，我也许根本就不该出现在那里。但是从这门课学到的、并一直伴随我的东西发生在课程的期末考试。我当时无法理解那样的考试，考试的形式是课下写一篇论文，回答关于质点质量理论[1]的一个问题，也就是质点质量理论是否有用。现在想想，当时我把写着这问题的纸递给一位主修有机化学的朋友，我的手肯定在抖。我问她，“这题目什么意思？”她对我说，质点质量实际并不存在，不过这个概念在解决某些问题时十分有用。

在此基础上，我写了篇论文，成绩不错，但是这次经历让我所收获的远不止于此。且不把注意力放在质点质量上，我意识到，在分析中引入一个不大可能成立、甚至完全不成立的前提，会有助于推倒之前存在的种种限制。它能拓宽你看到的证据领域，唤起你的好奇心，促使你去消灭人类那种天性——让无意识的偏见影响我们对问题起源、解决途径的假设。

举例来说，2014 年 7 月 17 日，也就是马来西亚一架客机在乌克兰东部上空被击落的第二天，媒体机构报道了有嫌疑的三方：一是乌克兰的分裂主义叛乱分子；二是乌克兰政府，它可能为了嫁祸叛乱分子而这样做；三是俄罗斯。如果既同技术数据打交道又有人类情报支持的分析师们只是简单地考虑这三种可能，然后试图通过分析图像、尺寸、信号以及现场人员提供的信息，去得出哪一方才是幕后黑手的结论，那么他们将会失败。

分析师们会考虑的其中一个宽泛问题是“谁拥有地对空导弹系统？”答案是：美国、俄罗斯、中国、埃及、德国、希腊、以色列、日本、科威特、荷兰、沙特阿拉伯、阿拉伯联合酋长国、约旦、西班牙、波兰、韩国、朝鲜、土耳其……几乎所有国家都有。考虑到

[1] 质点质量理论（point mass theory），经典力学中，一种被指定具有质量的理论上的点，而实际并不存在。

乌克兰的形势，这里列举的大多数国家，只是考虑它们是袭击源，都让人觉得可笑，但是身为一名分析师，如果你不考虑这些可能性，更让人觉得可笑。正如德克尔所说，“好的分析师不会去寻找标准答案——在这个案例中，肯定是俄国人，肯定是叛乱分子，或者肯定是乌克兰政府。好的分析师会设法消除其他可能的答案。最终，正确的答案可能实际上就是标准答案，但是为了确保可信，你必须历经这个消除其他答案的过程。”

下面这则趣事印证了分析中提供一个不大可能或完全不可能的选项所产生的好处。几年前，我在丹佛国际机场（Denver International Airport）候机。当时，我决定办一张快速乘机卡，实际上是一张带照片的身份识别卡，里面含有指纹和虹膜数据。有了这张卡，你就可以在接受这种卡的机场快速通过安检。协助我办卡的人员先收集了我的指纹，然后让我站在一台机器前，做眼部扫描。他说：“奇怪了，扫描没成功。”他领我去另外一台机器做扫描，还是没成功。不管什么原因，他最后都没能收集到我的虹膜数据。然后，他喊来了自己的上司，上司重复了刚刚的过程，先是这台机器，然后换了另一台机器，依然未能收集成功。我说我戴的隐形眼镜可能有影响，但他们向我保证说，之前一直做眼部扫描，从来没有隐形眼镜影响扫描这回事。不管怎样，我还是办到了那张卡，因为他们采集到了我的指纹。

我第一次把这个故事说给别人听时，笑称他们没能扫描我的虹膜，是因为我来自其他星球。他一听便笑了起来，然后道出了他能想到的所有可能的缘由。当时听得我很是着迷，原因在于我说这件事，不是为了驱使他很严肃地思考背后原因，不过是想让自己风趣点。打那以后，我把这故事告诉了几十个人，看看他们都会有什么反应。除了一个人之外，所有人都推测了扫描没成功的技术原因、人为原因（唯一的例外是那个人真的认为我来自其他星球）。

这样一来，遇到不同的人时，我先为扫描失败提出一个不大可能或完全不可能的解释，激发他们的好奇心，让他们去猜测可能的或很有可能的原因，甚至还有几种让人大跌眼镜的答案，比如我来自外星球。

在分析你自己遇到的挑战时，你能控制何时调用、怎样调用想象力，但是在职业或者学术环境下，你可能不具备这样的控制力。“想象失败”困扰着个人和公司，有些情况下，甚至导致某些组织的覆灭。德克尔指出这与组织领导结构的属性直接相关：

“许多领导者和管理者不喜欢意见不同者。对于颠覆既有政策、观念、看法或是在某一问题上立场的答案，他们不一定欣赏，这就导致有创意的分析师难以成功，甚至在团队中很难存在下去。

与此相反，高效的领导者希望周围都是聪明人，这些人会去质疑现状，不会接受最先得出的答案或不费力得到的答案。这样一来，领导者的生活会难过一点，因为与这样的人共事，他需要思考得更多。”

在《悖论的力量》（*The Power of Paradox*）一书中，作者黛博拉·施罗德－索尼耶[1]阐明了在分析问题时发挥想象力，通过使用“和（and）”这个简单的词，能带来对组织结构实用的巨大好处。

---

[1] 黛博拉·施罗德－索尼耶（Deborah Schroeder-Saulnier），管理学博士，菁英领导力解决方案（Excel Leadership Solutions）总裁暨首席执行官，高阶主管管理顾问。

领导者能有今日的权威、地位，大部分都做出了许多极富成效的“要么……要么……”式决策，如今让他们倚赖这种“和”思考，颇有难度。然而，如果领导者在 X 和 Y 之间果断做出非此即彼的选择，没有分析是否有 X 和 Y 共存的可能，他往往无法看见大局。

“和”思考是一种批判性思维技巧，拥有这种技巧，想象力失败的可能性会减小。这种技巧需要思考者找到各对对立面，并发现这些对立面相对于某关键目标是怎样相互依赖的。譬如，一家公司（微软或是苹果）希望以创新闻名于世，与此同时，顾客选择其产品是看其稳定性。如果公司不能实现“稳定和改变”某对重要对立面之间的平衡，它将会在维持市场份额上吃苦头。最常见的情况是偏重二者之一，导致对立面失衡。许许多多的组织都这样，结果是这家公司业绩下滑，再也没从中完全恢复过来。

施罗德－索尼耶不仅在她的书中，还在与书配套的网站上，提出了许多模型。针对试着运用悖论思维的人，借助这些模型能帮助他们用“和”联结两个矛盾目标，之后形成对自己所处形势的全局观。先看下图，两个相互对立的概念（如稳定和改变）通过无限循环联系起来。

然后按图示一步步发展，最终得到完整的图示，如下图所示。

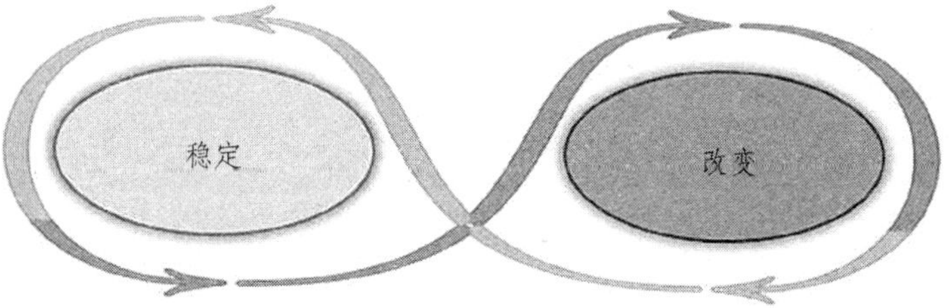

如果你是一国总统，你的情报分析师可能这样使用这一图示：先从看起来相矛盾的一对目标出发，比如“缩减军队（国内对国家预算分配的抗议）”和“增加对盟国的军事援助（出于国际关系的考虑）”。分析师们接下来会使这一模型更具体化，以判断这一对矛盾目标共存的可能性。也许无法实现，但是模型会对信息进行排列，清晰地给出背后的“为什么”。

如果你是你所在地方中学的副校长，你可能一开始需要找出“投资增长”和“削减开支”这一对矛盾的目标。

如要想避免想象失败，你需要系统地去思考“如果……会怎样？”不管你采取何种手段达到这一结果，你的目标都是要去除束缚你思考的制约条件。

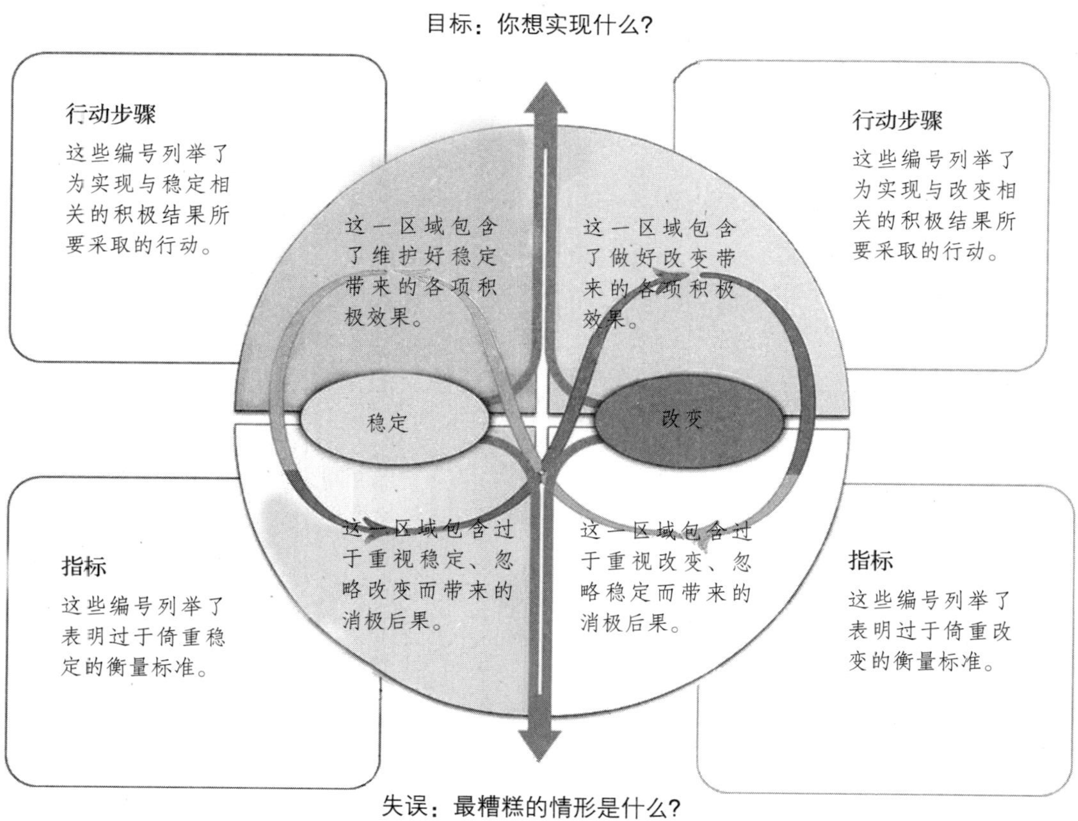
目标：你想实现什么？
行动步骤
这些编号列举了为实现与稳定相关的积极结果所要采取的行动。
行动步骤
这些编号列举了为实现与改变相关的积极结果所要采取的行动。
这一区域包含了维护好稳定带来的各项积极效果。
这一区域包含了做好改变带来的各项积极效果。
稳定
改变
这一区域包含过于重视稳定、忽略改变而带来的消极后果。
这一区域包含过于重视改变、忽略稳定而带来的消极后果。
指标
这些编号列举了表明过于倚重稳定的衡量标准。
指标
这些编号列举了表明过于倚重改变的衡量标准。
失误：最糟糕的情形是什么？

## // 连点成线 //

自世界贸易中心双子塔大楼、五角大楼受到恐怖袭击之后，美国政府投资数十亿美元，用以研发技术手段，提高连点成线的能力。杰克·迪瓦恩（Jack Devine）对这一术语极度反感，他也是众多批判过度依赖技术的情报专家之一。该技术将众多事实组合，以期形成一种全局观。他并不认为这样做能让我们更接近真实：

“在对各条信息不加以印证的前提下连点成线，你得出的结论可能尚不成熟。再谈想象力这一问题，用一种自动的过程来连点成线，实际上是减少而不是增加了你的想象。你可能最终获得错误的信息和大量无关的信息。

“在连点成线中，你可能将毫无关联的观点或事实联系起来，它们没有被印证，并且先后顺序混乱。如果以色列、法国和俄罗斯的情报部门向你汇报同一条信息，这并不表示这条信息就是真实的。可能有人拦截了它们的通信，将同样一条新信息加入其中。那算不上印证。”

为说明迪瓦恩的观点，请看下面这些点的分布：

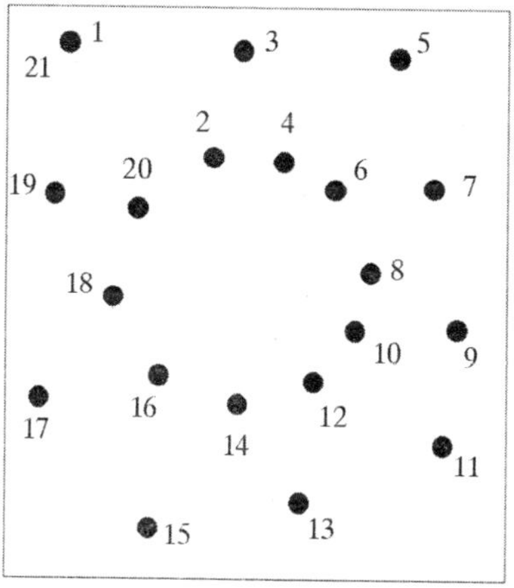


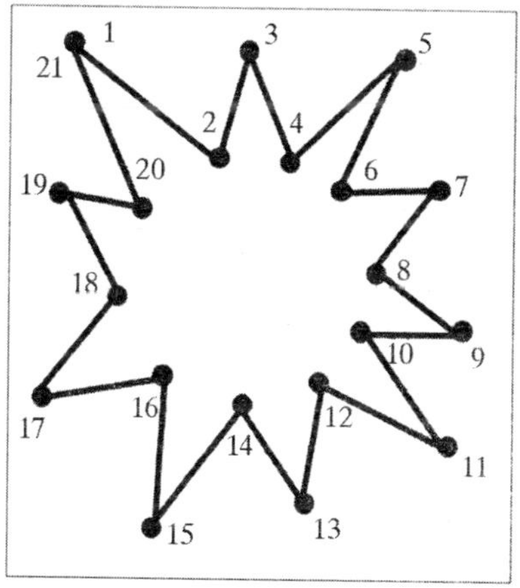


但是，如果它们没有编号，你会怎么办呢？即使这幅图中的每一元素分别得到印证，关于元素之间如何相互关联的理解，稍有差异便会产生完全不同的结果。举个例子，假设分析情况后，我们得到可靠的事件起点，且对最后五件事也有清晰的认识，下面是一种可能的结果图形表示。

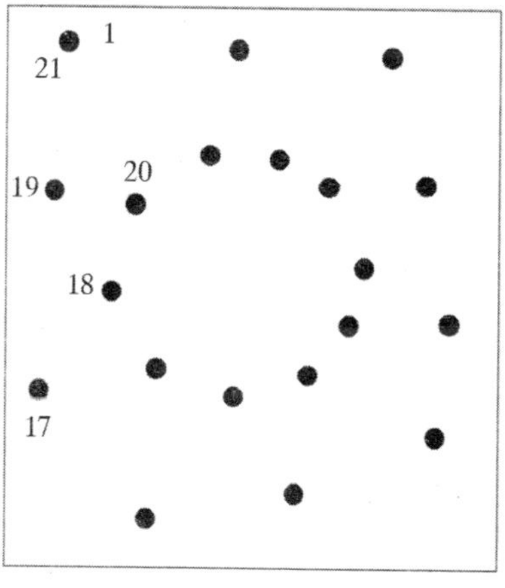


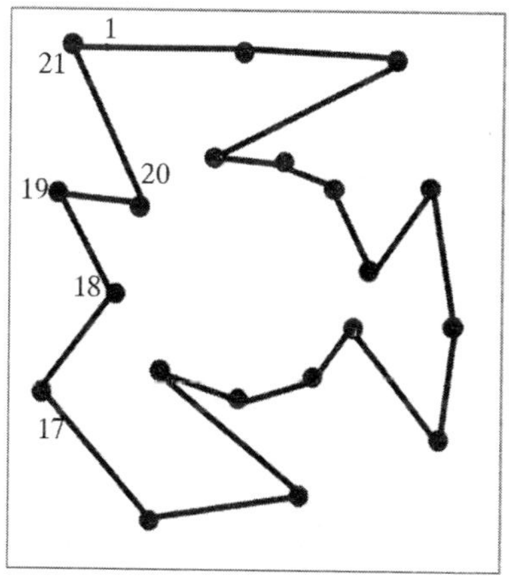

迪瓦恩认为，这种方法是另一种“想象失败”，也就是在分析可用信息时，人们将各个点松散地联系起来，便直接得出结论。这种“想象失败”的一种变体就是开始分析之前便对结果有了既定见解。“如果你对情况的全局有了先入为主的看法，你会设法将数据一步步移入对应的孔中，来创造出你想象中的全局。”

概括地说，分析是需要印证数据的一个过程，还需要你打开思路，考虑数据告诉你的所有可能的答案，并只有在这两项活动完成后，你才能试图寻找数据间的联系。你作为人类，不可能让这一过程摆脱人类的偏见，不过至少你可以在开始这一过程时，在一定程度上了解这些偏见是什么。管理这些偏见对分析过程的影响是你要应对的挑战。

我曾同12位专家合著过书，还曾为另外6位专家代写过书。这些专家都在各自领域受到认可，被尊崇为权威，而且都非常聪明。他们的履历让人印象深刻，因此，我会形成这样的偏见——尊重他们的专业知识基础，假定他们正确无误。可是，我现在已经学会了要克服这偏见。

他们当中除了一个人以外，都曾给过我后来证明不准确的信息。当然，他们并不是有意如此，只是记忆混淆，或是记错了日期，或是略微曲解了一个概念。正是由于这个原因，我不会不假思索地认为他们告知我的就是事实。我会怀疑这些信息；我会反复问自己问题，查明自己能否得到不同的答案；我会去找例子；我会做研究；我还会利用诸如这里所描述的工具来分析信息。

即使在我做了所有这些工作之后，你拿到书，开始阅读，你依然可能会说：“喂，他们谈的那件事我还记得，那天是阴天，可不是晴天！”我们都是人，因而不可能在信息上做到完美，但是我们中的大多数人已竭尽己能地去接近真相了。

在情报的世界里，尽可能地接近真相，而不是找寻绝对和完美意义上的真相，才是我们的目标。马可·洛温塔尔（Mark Lowenthal）著有多本论述情报的书，他曾任中央分析生产情报处（Central Intelligence for Analysis and Production）副处长。在他自己的多篇文章、多次演讲中，他说过，情报并不是要去找到真相，把情报想象为“近似真相”更准确。

# PART 2

# 现实行动中的交谈技巧

# Chapter 7 应对想说出真相的人

你应当知道真相，而真相应当让你自由。

And ye shall know the truth, and the truth shall make you free.

刻在中央情报局主楼主大厅的墙上，

旨在突出中央情报局在自由社会中的使命

——《圣经·约翰福音》第八章 32 节

即使是想说实话的人，他们的记忆也会有准确与否的问题。记忆失真会发生，并确实发生过，而且其中一些会被视为普通的口误。在其他情况中，要么是生理问题在作祟，要么是间接证据引起了对发生之事或所说之话的误解。人际交往技巧和严格的信息分析都有助于你接近真相。

此外，有些人想说出真相，但他们不确定事实是怎样的！这种情况在个人和职业场合中都发生过。举一个简单的例子，事情发生在我申请研究生学位的时候。系主任当时问我为什么想攻读那个特别的学位。我没有好的答案。我只是想那么做，但没有认真想过“为什么”。他的问题帮我发现了自己的动机。再说一遍，你的人际交往、提问和分析技巧都会帮助那个人接近更为完整和真实的故事。

## //“无心的谎言”之根源 //

当与你合作的信息提供者告诉你的是错误记忆时，其实他们想告诉你的只有真相，但由于某些原因，他们就是做不到。出现这种情况可能会有什么原因呢？

加州大学洛杉矶分校（University of California, Los Angeles）的两位研究人员总结说，我们对于非神经疾病引发的错误记忆的理解，是通往无意识思想的一扇重要窗口。它们的前提中关键的一点是，错误记忆产生后，人们能够接受它，那是因为他们的无意识思想会抑制能够发出不确定性信号的大脑功能。所以，除非你对自己的无意识思想具有非同寻常的控制力，你很可能和其他人一样有许多错误记忆。

四类记忆失真分别是错误归属（misattribution）、潜隐记忆（cryptomnesia）、源头性失忆（source amnesia）和虚构（confabulation）。前三个涉及专家们贴上“错误记忆”标签的东西，所以我们任何人都能体验到。然而，最后一个是一种神经学现象，与疾病或创伤有关。

## 错误归属

归属，是人们利用信息推演行为或事件的原因的过程。错误归属是进行错误的归属。举例来说，你看到一位女服务员将一碗汤倒在了一位大嗓门、粗俗的男顾客的腿上。如果有人问：“你记得什么？”你说女服务员被那个男人的粗俗无礼惹怒了，并把汤倒在了他的腿上。事实是那位女服务员手抽筋了一下，不小心把汤倒在了顾客大腿上。你的“记忆”事实上是错误归属，你把原本与此没有关联的事情联系到这件事情上。

错误归属理论让我们明白为什么人有时会自我欺骗，如何无意识地进行自我欺骗，以及为什么会不小心将错误信息传递给别人。错误归属的基础往往是对一个人或一件事的强烈情感的反应。比如，一个年轻女人第一次玩花式跳伞。通过背带，她被绑在男指导员的胸前，面朝外侧。在花式跳伞的过程中，她惊喜地尖叫着，落地后，她不停地说：“那是我玩过最有趣的运动！”负责她的教练员冲她笑，拥抱了她，并说：“你是我教过最棒的学生！”很快，她回到车上和男朋友一起。她本来打算那天晚上和他分手，但她因为花式跳伞还处于兴奋状态。在一个风景秀丽的地方，她的男朋友停下车，请她一起欣赏海边落日。然后他掏出一枚戒指向她求婚。她答应了。她感觉棒极了，在被求婚的当时，错误地将这种积极的感觉转移到她男朋友身上。她在对自己撒谎，但她可能永远认识不到这个真相。

一个有名的错误归属的例子与心理学家唐纳德·M.汤姆森（Donald M. Thomson）有关。1975年的某天晚上，汤姆森上电视谈论目击证人作证的心理。节目播出后的第二天，警察将他视为强奸嫌犯，把他抓了起来，因为一个女人指认他是凶手。汤姆森不可能实施犯罪，因为强奸案发生的时候他正在上电视。解释是，这是一个错误归属的典型例子。那个女人在遭受攻击的前一刻，正在看汤姆森的电视节目。她在心理上将强奸犯的脸替换成了汤姆森的脸。

在汤姆森的这个案例中，我们很容易就能辨别出无心的谎言。然而一般情况下并不那么明显。这也是为什么偶尔会因为目击证人的证词而产生不公正的判决的原因。

错误归属的现象并不罕见。人们经常犯这样的错误，有些人甚至每天都会犯。心理博客（PsyBlog）网站将以下三类记忆失真的例子标记为“常见错误归类”：

◎错误归属记忆来源。人们经常说自己从报纸上或网上看到某件事，而实际上是有朋友告诉过他们，或者他们是在电视上看到的，或从收音机上听到的。在一篇名为《无回忆找回》（Retrieval Without Recollection）的研究中，记忆力正常的参与者经常觉得自己是从报纸上看到某个细节，而事实上是研究人员提供给他们的。

◎将面孔错误归属到错误的背景。在唐纳德·汤姆森的案例中所发生的就是这种情况。研究表明，记忆可以混在一起，以至于面孔和场景融合在一起。

◎将想象出来的事情错误归属为现实。1998 年，林·高夫（Lyn Goff）和亨利·罗迪格（Henry Roediger）两位研究员在密苏里州圣路易斯（St. Louis, Missouri）的华盛顿大学（Washington University）做了一个实验。实验表明，记忆可以轻易把幻想转变为现实。他们要求参与者想象或真实地做某一动作（比如，折断一根牙签）。之后，他们重复相同的过程。然后，研究人员问参与者他们是否真的做了那个动作，还是只是想象做了那个动作。第二次的时候，更频繁想象该动作的人认为他们第一次确实做了那个动作的可能性更大。

**应对方法**

你信任的一个人对你说或写信告诉了你某件不是非常恰当的事情，这时，你可以问些你关心的问题——人物、地点、事情或事件。有帮助的问题可以让那个人将这些信息融入到语境中。这些问题包括："抱歉，那件事情发生的时候，你在哪里来着？"以及"你手机上接收到那张照片了吗？有时我发现我手机上的照片颜色有问题。"关注这类背景信息，有时会帮助你从另一个不同的角度审视对方提供的信息。或者，如果这个信息不是那么重要，它也会帮助你发现错误的陈述。

## 潜隐记忆

字面意思是“潜藏的记忆”，引申指盗取自身记忆来捏造现有事情的现象。它是不自觉的自我剽窃。一个经典例子是，已过世的披头士成员乔治·哈里森（George Harrison）的歌曲《我的甜主》（My Sweet Lord）。这首歌在 20 世纪 70 年代曾处于一次著名的剽窃事件的中心，因为它和歌曲《他是那么好》（He’s So Fine）十分相似。1963 年，《他那么好》由雪纺乐队（Chiffons）演唱而闻名。最终，法院判定哈里森潜意识里剽窃了雪纺乐队的歌曲。

当时有人声称存在重生并能与亡者交流，在这样的争论中，潜隐记忆占据了中心地位。威廉·斯坦顿·摩西（William Stainton Moses）是 19 世纪著名的巫师和灵媒，人们发现他无意识地撒了一个谎，并被认为是第一个记录在案的潜隐记忆的案例。1874 年，他和亡灵进行了交流，他说自己与在印度死去的两兄弟的灵魂进行了接触。记录提供了兄弟俩死亡的证据，但是仅在通灵的前几天，报纸上报道了这件事，证明了摩西是采用了报道中关于兄弟俩的所有信息。

和错误归属一样，潜隐记忆也是一种常见的记忆失真。事实上，乔治亚大学（University of Georgia）的认知心理学家理查德·马什（Richard L. Marsh）对潜隐记忆进行了多项研究，并总结称“潜隐记忆比人们认为的还要常见得多。”

回想一下，当你和人聊天时，别人说到一个令人难忘的词，或进行了一番描述。比如，某人说，“当公司开始裁员，我对公司的信心就瞬间跌落了。”交谈几句之后，有人用了“瞬间跌落”这个词。这是潜隐记忆的一种形式，马什为此提供了一个解释：“潜隐记忆是因为没能成功地在创造性思考的同时监控输入观点的来源。”

在研究潜隐记忆的过程中，尝试着理解它是如何影响我们日常解决问题的。马什不仅发现了潜隐记忆高频率地发生，而且还知道潜隐记忆最可能在什么时候发生。这一洞察对于我们努力寻找真相特别有帮助：

在特定条件下潜隐记忆发生的概率更高。比如，当感知和情景线索（例如，与其他生成信息相关声音的可分辨度）较少的时候，潜隐记忆发生的概率就增加。在执行任务的时候，当给参与者可用于监控输入信息来源的时间较少的时候，以及当输入信息来源更加可信的时候，参与者可以在任务中使用这些线索对来源进行监控。相比之下，当参与者被要求关注他们想法的来源时，剽窃率下降，因为这提高了他们对想法来源的意识。

以下是潜隐记忆的工作原理：想象你自己和同事在一家广告代理公司，参加一个长时间的会议。大家已经各抒己见数个小时了，但是老板要求你在几分钟之内为一位大客户提供会议进展的大纲。老板看着大纲，并对围坐在桌旁的六个人说："干得漂亮，你们这个团队！"苏珊，是这个团队的新成员，微笑着郑重而响亮地说了一声"谢谢"，因为她觉得实际上是她在团队里把一切凝聚在了一起。老板注意到她的反应，后来与这个团队中的另一个人提起这件事。鲍勃说："功劳可不能算苏珊的，如果说有谁应得这份功劳，那就是艾伦。她是斯坦福大学（Stanford）工商管理硕士毕业，而且和这位客户合作了两年，这些真的常常起作用。"但是，如果有人直接问苏珊做了什么贡献，她会觉得完全可以坦率地说"那是我的点子"。

但是，苏珊的剽窃也有潜在的积极的一面。马什的理论称，我们可以通过这种方式吸收重要的信息。比如，他认为，在许多咨询环境中，潜隐记忆就很管用。心理治疗师一直努力试图让客户认识到他自己的一些行为或感受，但是客户一直抗拒。然后有一天，他带着“他自己”的观点冲进门来。他的观点其实就是心理治疗师一直在说的话，只是现在他把它转化成自己的表达罢了。当然，如果人们通过这个过程有时可以获得重要的观点，那么像潜隐记忆这样的记忆故障也就可以解释为什么人们会采用特定的政治立场和其他观点。

**应对方法**

如果你的信息提供者看起来不像提供给你所接收信息的人，你要做的第一件事就是保持怀疑。这并不是暗指，苏珊在前面的场景中可能与那个好点子没有关系，或者每个人都会认为艾伦才是众望所归。然而，如果你想要真相，那么就要测验一下信息源。

正如马什建议的：“当要求参与者关注他们想法的来源，提高他们对想法来源的意识时，剽窃率降低了。”所以你可以对苏珊说：“如果有人想出像那样棒的理念，我们都会受益匪浅。我们需要复制这种动态，让这种好事发生。会议上发生了什么，引发了这一连串的思考？”

精神病专家伊恩·史蒂芬森（Ian Stevenson）因其对异常现象的调查而闻名。1982 年，他在关于潜隐记忆和通灵学的演讲即将结束时评论道：“我们从潜隐记忆的案例研究中学到的经验是如此浅显，甚至把它说出来都像是废话，但不管怎样我还是得说：当我们就过去的事件进行交流和评估时，我们需要警惕潜隐记忆发生的可能性。”

所以，史蒂芬森关于应对方法的建议是，质疑任何人的历史是否准确，比如自传或其他的形式。

### 源头性失忆

有时也被称为来源错误归属，所以会有一小部分和错误归属的讨论重合。源头性失忆是指无法记起知识的来源。比如，你确信你能够骑自行车，但就是不记得什么时候、怎么学会骑自行车的。

许多专家将之称为“记忆失灵”，因为它说明两种记忆之间连接不上，也就是与意义和知识（语义）相关的言语记忆、背景、事件、知识（片段）连接不上。在极端的情况下，你可能把虚构的信息当成真的。比如，你妈妈可能告诉你无数次，你那陌生的父亲是个暴力的人，而因为她编的故事，你就真的把你的父亲记成暴力的人了，尽管事实上他并不是这样的人。

有些人利用这一现象通过频繁想象来为他们工作。因为相同大脑区域同时负责视觉成像和视觉观念，你很容易就把看到的视觉图像当作真正的记忆。

几年前，获得奥林匹克花样滑冰金牌的选手布莱恩·博伊塔诺（Brian Boitano）告诉我一个故事。那是我听过的关于想象最生动的故事。那是他 1988 年在卡尔加里（Calgary）获得奥运冠军的事，而在此之前，他通过想象几乎乱真地感到自己赢得了比赛。那一刻，因为这一记忆现象，他感受到的现实迅速变得虚幻：

当时正在播放《星条旗永不落》（*The Star-Spangled Banner*），然后我对自己说，这节奏太快了。我长达一年夜夜想象的事情直到那一刻才完整，一切都和我想象中的一模一样。现场是那样的欢呼雀跃，观众的反应，我对观众的回应。首先我做了那些事情，然后我哭了，再接着我笑了，所有这一切我都想象过。当它变成真的的时候，我就好像在做梦。这对我来说太不真实了。赢得金牌后，我站到领奖台上，然后国歌开始响起。我就想，这不是我想象的《星条旗永不落》。太快了！我想象《星条旗永不落》的节奏是哒—，哒—，哒—，哒—，哒—，哒—，但是它的节奏不一样。鼓声响起，就像哒，哒，哒，哒，哒，哒，然后我想，这不真实！节奏错了！正是这一点让我认识到一切都是真的。

### 应对方法

当牵扯到一个故事时，你可以尝试问些打破事件顺序的问题，更加深入细节。比如，你的信息提供者说他的爸爸很暴力，他“记得”爸爸下班回到家，走到冰箱那里去拿啤酒，然后重重地甩上冰箱的门，因为里面没有啤酒了。事实上，这是他妈妈给他说过许多次的一个故事，而不是他自己亲身经历的事情。所以他“记得”的不过是他听来的。所以，如果你心里质疑他爸爸是否真的暴力，你就可以问：“你爸爸甩上冰箱门之后紧接着干了什么？”这之后你可以再问他一些问题，把他带回故事发生的那个时候：“朝冰箱走去之前，他是否放下了车钥匙？”那之后，你可能会好奇，“花了多长时间他才冷静下来？”

## 虚构

和其他形式的虚假记忆不同，虚构的根源在于神经疾病，比如老年痴呆、某些类型的中风、脑部创伤、多发性硬化症和痴呆。进行虚构的人不是在说谎，也没有意图这么做。他们甚至不知道自己给你的是错误信息。

不久前，我和我朋友年迈的父亲谈过。他是一位出色的音乐家，但遭受重症肌无力病症折磨许多年。这种病其中的一个病症是认知功能障碍。我问到30年前举办过的广为人知的某次户外音乐会。他提到一些细节，比如他们弹奏的音乐，那个季节树上开满了花。事实是，他举办了音乐会，但是当晚管弦乐队并没有演奏他说的曲目，而且那时是夏天，而不是春天。他所说的都是真的，但并不是那件事情的真相。

格里高利·哈特利曾和我合著过七本关于人类行为的书。他告诉我一个关于虚构的故事，阐明了这一现象发生的原因之一。按加州大学洛杉矶分校的研究人员的说法是，“不相关记忆的错误混搭”。

有一次，我去老人院看望一位老朋友的奶奶。她和病房里的其他人都遭受晚期老年痴呆症的折磨。其中有位女士不时地会谈吐出彩，我总是忘记她和我不一样。她曾是一名教授，就职于纳什维尔的范德堡大学，而她的事业定义了她的人生。每当她游移到另一个现实中时，一切又都会回到范德堡。过了一会儿，我就忘了她有老年痴呆，因为她充满了魅力，且谈吐清晰。我意识到我朋友已经走出房间，于是我问她：“你看到那位高挑的金发美女走去哪里了？”“是的，”她回答，“你走出那扇门，左转弯，你就到了范德堡。她在范德堡。”

**应对方法**

除非你了解到信息提供者的背景情况，否则你很可能不会知道你检测到的错误记忆是虚构。你所能做的就是，在预想信息提供者愿意合作的前提下，处理并见机行事地提问。

如果你的信息提供者很配合，你也相信他想告诉你真相，那就避免挑剔对方的记忆，尖锐地评断对方的性格，或与对方纠缠不休。问些能帮助对方将信息和背景对号的问题；在人物、地点、事情和事情顺序间建立联系；如果有人或事情能够帮助你了解为什么你可能听到错误记忆，那么要对此做出情感上的回应。

## // 管理摸索答案的信息提供者 //

在许多环境下，比如医学和法律或执法环境中，人们往往想说出真相，但他们挣扎着不知道如何解释某件事，或者他们因为专家对他们的提问而感到怯懦。在这些情况下，建立和谐关系的技巧、良好的询问技巧、选择最佳谈话激励因素，以及解读肢体语言，每天都会被用在很多人身上。不论贵贱，从前台的接待员到社会等级很高的个人（医生、律师、总裁、探长等），任何人处于这样的环境下都能让信息提供者说出真相。

没有真相，后果会很严重：代价可能是病人的健康，或者调查可能终止，或者危险的产品缺陷没有被检测出来。说出真相不止能避免灾难，而且根据你操作的背景，如果你的患者、顾客、委托人和合作者对你如实相告的话，还会有经济收益。

从 1970 年起，哈维·奥斯汀（Harvey Austin）就成为了通过认证的整形医生。他在华盛顿的弗吉尼亚城郊开了一家美容整形手术诊所，生意兴隆。事实上，它一直是美国东海岸最大的非大学整形美容手术诊所。那几年，我有很多机会观察他的员工在办公室和手术室中的表现，因为我当时正在写大量关于医药和手术的文章，而奥斯丁很慷慨地为我提供帮助。我也采访了他的一些同事，考察了他们的一些业务。另外，我还有幸得以体验奥斯丁高效率的客户筛选程序，因为我最先是作为想整容的人来到诊所的。

对于适合手术的客户来说，筛选程序几乎无一例外是一次积极体验的开始。在第一次咨询的过程中，我们被引导进入无防御状态，真实地说出为什么我们想要哈维·奥斯汀改变我们的面容或身材。这本身是一次情感经历，所以人们可能准备好把真正的动机隐藏起来。比如，一个女人可能说“我就是想让我的脸看上去年轻10岁”，但她真正的意思是“近半年，我老公被一个女人勾引了，我想看起来和那个女人一样年轻”。

对于那些不适合手术的客户来说，不管他们想不想继续，进展在这个初始阶段就被叫停了。那一时刻，她们想要做整容手术来修复情感问题。毋庸置疑，奥斯汀的员工能够分辨谁在整容手术过程中以及之后会心满意足，谁不管怎样都不会对结果满意，甚至（或者）提出诉讼。

奥斯汀从质和量上监测筛选过程的结果：

我们对所有手术进行计数，并按我们见过的所有人进行划分。年复一年，比例是43%-46%。每隔一段时间，有人会说，“你不觉得我们应该提高百分率吗？”然后我会说，“绝不！这样就够了。通过向我们咨询，我们帮助比例外的那一部分人认识到，对他们来说，这并不是合适的地点或合适的时机。”

对于那些做了手术会改变他们人生的人，我们总是想为他们做手术，而不是那些不管手术做得多成功，人生还是没有任何改变的人。

在了解奥斯汀和他的员工的过程中，我了解到，他们几乎所有人都上过个人发展课程。这引起了我的好奇：奥斯汀雇佣员工是基于他们已有的人际交往技巧，还是会就人类行为方面对他们进行培训？他回答说：“兼而有之。”然后，他用下面的话解释了他对员工的主要标准：

整容手术是高度女性化的业务，在场的男人越少越好，我们想创建一个女性联合会，所以我想找一些明朗、赏心悦目的女性。她们没有特定的年龄限制，曾是出色的服务员。为了多拿小费，你会发现不管你上一桌表现得多好，下一桌的客人都不关心。你总是得重新开始，你必须和每一位进来点餐的人以及在那里工作的人相处融洽。

成为一名出色的女服务员另一要点是，她们是否犯错不要紧，重要的是她们如何善后。

第三点是良好的服务。从一定程度上说，这就需要提一些有益的问题来打开可能性。一位纯粹为了工作而工作的女服务员会说："嗨，你们晚餐想点什么？"而一位关心她的客户，热爱自己工作的女服务员则会说："嗨，见到你们真高兴！要不要来点餐前饮品？我还可以给你们来点坚果和奶酪。"不用顾客去找她，她会再次出现，然后说："主菜的话，我给你们推荐一下反映很好的菜品吧。"稍后，时机成熟时她会问道："你们要餐后点心吗？或者来份奶酪拼盘？"换句话说，对服务她深谙其道。

服务就是为他人打开一种可能性，给他们进入并采取行动的机会。

奥斯汀并不是真的就雇佣女服务员，但这个比喻十分有用，因为他形容的这类人懂得如何让对方觉得自己与众不同，觉得自己被人关心，从而建立和谐的关系。她们让客户感到充满活力，并专注于采取行动。他的员工可以让不愿吐露真相的潜在客户信任她们，并告诉她们为什么想要做整容手术，最终承认自己想要看起来年轻10岁，而其实是为了比第三者更美的那位女士不会达成目的，至少她在第一次咨询的时候不会成功。一旦奥斯汀诊所的人发现客户是出于复仇，或者出于傲慢或其他扭曲的动机而想做整容手术，她们就会有礼貌地鼓励她去别处寻求帮助。简而言之，那些女人需要心理治疗，而不是整容手术，或者在做整容手术之前，需要先进行心理治疗。

诊所有效的筛选程序避免了费用高昂的玩忽职守诉讼案，这不仅依赖于员工的人际交往技巧，而且依赖于系统的客户评估，其中包括恰当的提问和压力侦查。我们的第一次接触是在数年前，所以我只能尽力还原对话（参见前面关于记忆失真的部分），重点如下：

卡罗尔问候我，并把我带进一间办公室，然后我们一起坐下，中间没有阻挡物，比如桌子。

卡罗尔：你是怎么知道我们的？

我：（一个好朋友的名字）推荐我来的。

卡罗尔：她怎么样？我记得她是为了去参加在巴尔的摩拍摄的一部电影的试镜。

我：她很好！她参演了那部电影，赢得了一些关注。

这家诊所这么忙，她居然记得我的朋友，这给我留下了深刻的印象。我们又聊了一会儿，然后她问了我关于要为鼻子整形的一些问题。

卡罗尔：你为什么想为鼻子整形？

我：有时候看着镜子，我感觉自己很陌生。由于某种原因，这张脸看起来不像我的。

卡罗尔：你觉得自己的内在是怎样的？

这个问题十分关键，也是那次咨询中我记忆非常深刻的一个问题。卡罗尔让我说出对自己的看法。这是我如何看待自己的真相。

解决了“为什么”的问题后，卡罗尔又问了一些其他重要的疑问词：手术牵涉到什么，我们可以把手术安排在什么时候，谁会来照顾我。还问到我对自己长相的预期，因为掌握好那些预期是员工在下一个环节的一项重要工作。卡罗尔还问了我一些问题确定我的健康状况和健康意识。而可能最重要的是，我们对很多事情同样感到好笑并笑出声来。就像我和奥斯汀谈话时他说的："我们想看到我们的员工和进出往来这里的人脸上都绽放出笑容。"

在像奥斯汀诊所这样的医学环境中，或者在法律或执法环境中，提问者面临的挑战有一定的相似性。每个人都会感受到一定程度的压力；提问者能够在提问前先建立信任，对于从对方身上获得真相十分关键。

在牵涉到暴力的许多案件中，医学专家和执法人员必须团结起来，互相配合，建立起信任，然后才能询问，并进行接下来的法律诉讼。对这些专家来说有个好消息——研究表明，创伤事件的记忆大多很准确，因为情绪体验强化了记忆。可能会有短期记忆的问题，但是一旦当事人花上至少几天的时间来休息和恢复的话，技巧娴熟的专家通过建立和谐的关系和询问，经常可以获得真相。

苏·洛特罗（Sue Rotolo）拥有护理学博士学位，并当了 22 年的性侵犯检验护士（SANE，sexual assault nurse examiner）。这些人是经过认证的法庭护士，专长是配合那些举报遭受性侵犯的病人收集性侵犯证据。她们有时会被传唤出庭作为专家证人进行作证。洛特罗经验异常丰富，拥有检验成人、青少年和儿童的资格认证。

一位性侵犯检验护士甚至在见到病人前就已经开始建立信任了。与病人初次见面的执法人员激发了病人的信任。当病人举报自己遭受性侵犯的时候，她知道自己将要见到经过特别训练的医护人员，帮助像她一样遭受侵犯的那些病人。这一认知会让病人对接触这类护士抱持积极的情绪。她有理由确信，将要陪伴她的是一位心地善良且技巧娴熟的人，会隐秘地帮助她。

在很多案例中，可能会牵涉到酒精和药物，所以病人可能会试图粉饰一部分事实，让一切看起来好一点。她不想因为自己所在的地方，或自己正在做的事情，而被认为那些是她自找的。部分受侵害者已经自我评判过了，因为她们当时正在喝酒，或者和一帮坏人在一起，所以她们带着“自找的”愧疚感来检查。受害者尽量不牵扯药物或酒精的另一个原因是，她们不想让别人认为自己是受到某种物质的影响，才谎称自己受到侵犯。

护士清楚地告诉她，诚实坦白对她意义重大，对以后其他需要帮助的女人也一样。“我们告诉她，没有什么能吓到我们，而且她们不是一个人。”

但就算表示了同情、理解和作证能力，性侵犯检验护士要面对的可能是一个不能告诉她完整故事的女人,因为她的精神状态不允许。新的研究表明，遭受侵犯的病人在两轮睡眠循环之后，能更好地回忆起来所发生事情的细节。可能不只是两天时间，因为要完成两轮睡眠循环可能需要花上好几天。

原因可能是受害者受到了惊吓，身体正在经历极度的反抗——战或逃反应。让她们恢复正常的过程可能包括几个步骤，很可能要先拨打 911（译者注：美国的报警电话），然后走一遍初始的医疗和执法程序。整个过程受害者都在对自己说，如果我能熬过去……两天之后她熬过去了，身体和内心开始冷静下来一点了。这时候，她能记得更多的细节。

了解到这项研究结果，医护人员和执法人员就不会因为现在听到的故事和侵犯发生之后马上听到的不一样，而怀疑受害人当时或现在正在撒谎。

性侵犯检验护士和受害者建立和谐的关系，可以帮助受害者建立起安全感和信任感。所以，“减轻恐惧”和直接提问结合起来是很有价值的谈话激励因素。而像“对等交换”这类事情则不是。“那不是关于我们的，是关于他们的。”洛特罗说，而且对等交换好像在说“我经历过，所以我知道”，这是完全不恰当的。因为自己的专业经历，性侵犯检验护士能够理解，而正是能力和同情心的结合让受害者感觉她们和自己相连。洛特罗说：“我们关注的是她们告诉我们所发生之事的重要性。我们积极鼓励她们告诉我们事情的真相。她们开始明白，如果她们告诉我们真相，就能让我们更好地帮助她们，她们还能帮助我们去帮助别人。”

检查开始的时候，护士尽量让一切看起来稀疏平常，检查也是病人在常规检查中都会遇到的，比如量血压、体温等。这些“小接触”帮助护士深入一步去检查受害者遭受侵害的身体部位。在这一过程中，护士尝试诱导病人开始描述所经历的事情，当然，也会征得她的同意，然后再去触碰她。这样会让病人觉得别人是否能碰自己都在自己的控制范围之内，这一点非常重要。随着检查的进行，护士根据自己看到和听到的进行提问，所以提问和对话贯穿整个检查的过程。根据洛特罗所说：

有时，当护士检查受害者的生殖器时，会有擅长给予情感支持的人在场来鼓励受害者。有时甚至可能需要给受侵害的部位拍照，真正开始拍照的时候，大多数受害者已经对护士有了足够的信任，她们觉得这是必要的，于是就同意了。她们感到自己受人保护。

她们在检查的时候表现如何，你对此不能有任何偏见。每个人在情绪和认知上都会有些不同。在图谱的一端，有些女人生活中经历过一些可怕的事情，对她们来说，这不过是又一件更可怕的事罢了。我遇到过一个年轻女孩，她在被性侵后来做检查，整个过程中她表现得十分镇定。我们交谈很愉快，她也实事求是地进行描述：“你知道，我妈妈被强奸过，我姑姑也被强奸过。我知道我也会的，只是时间早晚的问题。”她对发生的事情有着清晰的意识。

你不能因为一个人在做检查的时候笑出来，就说她在撒谎。你也不能因为她哭了，就说她撒谎。反应是没有固定模式的。

过去，我们总是强调她们的反应。现在已经不这么做了。谢天谢地。

洛特罗的评论让我想起了一个遗忘很久的故事：我的一位大学朋友曾经被强奸过。在事故发生前，她问强奸犯可不可以让她戴避孕膜。他同意了，然后开始准备强奸她。当时，洛特罗说道，大众的观点是，一个女人如果理智到要求强奸犯使用避孕套或其他保护措施来保护自己，她很可能不算真正地被强奸。幸亏我们的社会已经抛弃了那样愚蠢的看法。事实上，在遭受侵犯的时候，一个女人即使试图保护自己，她遭受攻击的暴力程度也绝不会降低。

针对犯罪调查人员的挑战，《应用认知心理学》（*Applied Cognitive Psychology*）中发布的一份调查显示，“多花时间在建立和谐的关系上（特别是使用语言技巧），可以防止证人供述不准确，并降低证人在事件发生后误报的可能性。”主笔作者乔纳森·瓦拉诺（Jonathan P. Vallano）解释道：

如果警方调查人员会为证人营造舒适的环境，以此来建立和谐的关系，证人给出虚假信息的可能性要比不在舒适环境下交谈的低。我们的研究基于 100 名 20 岁出头的成人在看完一起模拟盗窃犯罪后的供述。研究表明，在要求这些成人回忆模拟犯罪之前，和他们建立和谐的关系，可以降低他们报告错误信息的概率。

瓦拉诺也直接指出，在建立信任的过程中对等交换具有很大的价值，但这类互动的情境和洛特罗描述的情况非常不同，与侵犯发生后马上接触受害者的情况也非常不同，“我们发现，如果调查人员和证人谈谈自己的事情，被调查者更有可能相信调查者，并吐露更多正确的信息以作为回报。”

像瓦拉诺的这样的观点很有价值，但问题是一线专员可能不总能了解到这些观点。根据《国际法律和精神病学》杂志（*International Journal of Law and Psychiatry*）上的一篇文章，“警察很少接受或完全没有接受训练，就和证人交谈。”他们写道，大多数的意外事故调查员、律师、内科医生、消防局局长、安全检测员，以及许多其他职业的人，面对的情况都是一样的。对于追寻真相来说，他们之间的不同点是应对的内容不同。

## // 认知访谈 //

罗纳德·费希尔（Ronald P. Fisher）和爱德华·盖瑟曼（R. Edward Geiselman）两位研究人员写了大量关于调查采访的文章，并发明了被他们称之为“认知访谈（CI，cognitive interview）”的采访技巧。他们在一本名为《调查采访中增强记忆的技巧》（*Memory-Enhancing Techniques for Investigative Interviewing*）的书中介绍了这一方法，然后在后续作品中关注认知访谈在警方工作中的应用。认知访谈刚开始被设计成一种工具，用来帮助调查员改进和证人以及受害者之间的交谈，而信息提供者压力过大时，其中的许多元素都可以被其他职业的人使用，或者经过调整后被使用。费希尔和盖瑟曼围绕三个心理过程形成了他们的方法：认知、社会动态和交流。

他们的方法所描述的大部分内容综合了本书前面讨论过的技巧和观点。以下是认知访谈的重点。

### 认知

该方法的这一方面关注记忆提取和采访者同时面临的三大挑战——与信息提供者交流，跟踪信息提供者的线索，以及做好记录。

鼓励当事人重新回忆发生的事情很重要。这包括事情的各个方面（物质上的、精神上的和情感上的），因为所有这些都是真相的一部分。费希尔和盖瑟曼鼓励同理心反应，但他们不鼓励中断交谈（如果信息提供者变得情绪化），也不鼓励引导信息提供者从情绪中出来。打断或终止交谈可能让信息提供者觉得受到了压制，或者好像他或她被剥夺了坦白一切的机会。

◎我们处理信息的能力都是有限的，但是处于高度压力下的人能力会被削弱更多。信息提供者可能没有听清你的问题，没理解或答不上来。别给当事人施压，比如，问他们一连串的问题，不给当事人足够的时间完整地回答每个问题。要小心，不要问那些所谓的坏问题，比如复合类、模糊类、消极类或诱导类问题。利用沉默这一谈话激励因素，而不是在当事人思考的时候插进新的问题或评头论足。

◎每个人对一起事件在心理上的记录都是独特的。这一部分和"通路官能（access senses）"有关，意思是有的人视觉记忆非常强，而另一部分人则是听觉，其他人则可能是通过运动神经感觉。而且其他人的初始记忆可能是花的香味或火药的味道。你要为信息提供者量身定制问题，而不仅仅是问标准化的问题，这一点很关键。倾听当事人的描述，来帮你确定他通路官能是什么。

◎费希尔和盖瑟曼把认知访谈的这一方面称作"证人兼容提问"。下一部分关于帮助你设计问题的建议中有更多的指导意见。费希尔和盖瑟曼声称，"证人兼容提问"很可能是认知访谈中最难掌握的，因为这需要提问者关注信息提供者，比如她的性格、品性，以及在交谈过程中她的情绪和配合程度的变化。多次成功的认知访谈反映了本书多次提到的一个内容：建立和谐的关系。

◎关于认知访谈的下一个方面，也是我一直在告诉我的合著者和投稿人的：你可以把故事再说一遍给我听，就算你知道之前已经给我讲过了。因为在重新讲故事的过程中会出现新的内容。永远不要对信息提供者说，"你已经对我说过了。"如果你想要真相，就再听一遍那个故事，然后再重听一遍。

◎回忆的准确性很重要，所以如果你的信息提供者开始不着边际，那就回想他的眼神或动作，有些可能表明他在想象，而不是回想，并告诉他，"你说你不记得也没关系的。"

◎最后一条关于认知方面的指导意见，和前文提到的错误记忆（错误归属和潜隐记忆）的来源有关。在这一案例中，信息提供者可能编造了一个故事，比他记忆中的还要完整。因为他添加了从别的信息提供者那里获得的细节，其中也可能包括你，如果你问了指引性问题的话。或者他从电视上看到的东西可能进入他的潜意识里。如果你怀疑出现了这两种错误记忆中的一种，请参看前文“应对方法”中的建议。

## 社会动态

提问者和信息提供者是一个动态社会单位的一部分，两者都会影响彼此互动的方式。费希尔和盖瑟曼就这个主题所提出的建议与本书早前提出的建议完全吻合，即：

◎建立和谐的关系。

◎通过开放性的提问和倾听来引发当事人的好奇心。可以的话，也可以让信息提供者开口提问。

◎使用像“抬高自尊”和“降低恐惧”这样的谈话激励因素，让信息提供者对自己持积极态度。

## 交流

提问者需要寻求信息，而在理论上信息提供者有能力满足这一需求。再次申明，费希尔和盖瑟曼建议的技巧和本书第一部分中情报专家的建议十分吻合：

◎通过提问来帮助信息提供者关注情境的各个方面——人物、地点、事物和事件。如果在调查中缺少这些方面中的一个，通过提问将谈话引导过去。但这并不意味着信息提供者会感到受拘束。如果他离题了，只要稍后再将他引导回到相关主题就可以了，同时也听听他说的内容。

◎非语言输出也算作信息。肢体语言可以说明一些言语无法表达的情绪。而且在应对犯罪或其他视觉细节十分重要的情境时，四处走动或画图可以帮助信息提供者告诉你需要知道的所有事情。

费希尔和盖瑟曼并不只是在实验室里用认知访谈来证明它的有效性，他们还请处理真实犯罪的警官对此进行测试。现场研究的结果和实验室研究的结果一样，显示了相同的有效性。

## // 针对合作的信息提供者提问的建议 //

在整容手术诊所的例子中，要从客户身上获得真相，第一个胜利是与他们建立和谐的关系，这样一来，要求做整容手术的客户就不会对自己的动机心存防备，甚至那些不适合做手术的人也在咨询过程中受到了礼遇。同样，在执法的例子中，调查人员的首要任务是建立信任，而不是直接开始就问一些无聊的人口普查或与案件相关的问题。

如果提问者能体现对信息提供者可能要应对问题的理解，比如提升自尊、刺激等激励因素，那么这种提问风格有助于在一开始建立和谐的关系。在理想的情况下，提问者也可以了解到当事人对信息进行分类的方式。

霍尔（Hohl）是美国陆军前突击队员和领导顾问。我和他合著了一本《突击队员向前进》（*Rangers Lead the Way*）。他发明了一种简洁的方法来描述信息分类方式。以下是可以指导提问者从信息提供者身上获得额外的重要信息的三类方法：

**大局 VS. 细节：**思考大局的人会关注全局；他们思考的是概念上的整体。相反的类型是关注细节的人，他们从细节处思考。

◎一位律师提问一位友善的证人，可能一开始会要求他告知关于那个案件他知道的一切。如果这位证人是位大局思考者，他的描述可能是一种“高纬度”的视角，俯瞰发生过的事情和牵涉到的那些人。与此相反的是对信息十分谨慎的证人，他的描述则会充满了细节。

◎继续询问大局思考者时，最基本的跟进问题是“还有什么？”或“还有谁？”。

◎非常关注点滴细节而不是整体的人往往会添加无关紧要的信息。他们描述的那些信息可能和事情完全没有直接联系。所以，提问人在询问细节思考者的时候，需要问能够说明不同信息之间联系的问题。信息的分类有人物、地点、事物和事件，所以跟进问题时需要帮助信息提供者把细节划分到这些类别中，好让我们更容易看清它们之间是如何联系的。

**有序 VS. 无序：**有序的思考者希望他所阐述的事实被组织得有条有理，而且以步骤和程序为导向，他更喜欢做完一件事情之后再开始另一件事情。无序的思考者习惯在主题间自由跳接。

◎拿讲述故事来说，有序的人讲故事会经过潜在的组织，而且应该比较明显。它可能是按时间顺序讲述的，或者如果当事人正好也是一位大局思考者，那他就可能按照主要事件的先后顺序来讲述。无序的人则可能会时而按顺序，时而不按顺序。他很可能先讲重点，然后再补充故事缺失的部分。对无序思考者提问，要让他进入比较有序的思考，这样可以帮忙填补空缺或纠正错误的观点。相反的，让一个有序的人在故事中跳转，就要通过近距离观察不同的内容，来核实故事的可信度。

◎通过了解分类方式，比如有序和无序，并基于这一知识调整你自己的提问，这样可以强化掌握本章前面部分谈到的错误记忆以及“应对方法”中的建议。

**着手处理 VS. 回避：**性格特征趋向于着手处理问题的人，往往会走向能满足好奇心的机会和情况。比如说，当形势有一定风险时，他会自动考虑回报是什么。选择回避的人则倾向于远离预见到的危险或未知的情况，并告诉自己“别干这件事，因为可能会有什么事发生在你身上！”

◎用“孩子般的好奇心”这一谈话激励因素引导，对那些倾向于着手处理问题的人十分有效。

◎在提问回避型信息提供者的过程中，减少恐惧和引起确信感这两个谈话激励因素应该有助于你建立和谐的关系。如果你是人力资源专家、内科医生、警察、顾问，或其他职业的人，碰到有人问与你合作的回避型信息提供者问题，你需要提供情感上、心理上，必要时身体上的保护，这样会让当事人更有安全感，继而信任你。

与合作的信息提供者一起共事的次序，和与想有所隐瞒或明显怀有敌意的人一起共事的次序是一样的。一开始要培养信任，也就是要与当事人建立和谐的关系。讽刺的是，当你试图从很配合的人身上获取想要的信息时，你总是会忽略建立和谐关系的重要性。如果你为了一次谈判、调查、个人关系或其他情况需要寻找信息，一定要确保首先存在信任，然后再开始使用询问技巧。

# Chapter 8 应对想要有所隐瞒的人

当说到真相，认为一切都是相对的那些人，正在大大地危害社会。
如果没有真相，你可以自己设定规则。
真相是事情本来的样子。
真相是真实的，而不是你希望的真实。
如果你认为没有绝对的真相，那你就在神学上迷失了，
在道德上迷失了，在方方面面都迷失了。

People who think everything is relative when it comes to truth are doing a great deal of harm to society.
If there's no truth, you can set your own rules.
Truth is the way things are.
It is what is real, not what you want to be real.
You've lost theologically, you've lost morally,
you've lost in every single way if you don't think there is absolute truth.

——戴维·梅杰（David Major）
已退役的联邦调查局特工督查
美国白宫国家安全理事会反情报、情报与安全计划首任主管

情报官员会通过识别、审核和培养信息提供者的过程，做一切可能的事情，以确保得到忠诚的信息提供者。即使这样，关于忠诚度，也可能存在挥之不去的问题——信息提供者是否知无不言，是否会篡改信息。在秘密行动的情况中，那些志愿的或案件负责人招募用来为中央情报局秘密提供信息或其他服务的信息提供者，通常被称为“内线”或“线人”。

在这个领域工作的早期，彼得·厄内斯特发现，与他一直保持很好关系的一位有价值的线人流露出玩弄情报的信号。虽然厄内斯特的做法是你不应在家尝试的，但它确实证明了得到真相的一种方法，而不需要真的直接去问。

这位线人以提供冗长而详尽的报告而出名。在审查他的报告的过程中，厄内斯特注意到，这位线人报告的材料与情报站从其他特定国家的情报服务得到的情报类似。这种类似让厄内斯特开始警觉，并引发了一个问题：他是不是在给我们和他们同时提供情报？

他决定利用与这位线人的密切关系，来确定他所提供报告的可信程度。几年来，这位线人经常邀请厄内斯特夫妇到家里共进晚餐。由于不想将工作与娱乐混淆，厄内斯特总是婉言相拒。在线人的报告引起情报站的怀疑之后，厄内斯特在与线人进行一次例行谈话的时候，就将话题转移到私人友谊方面，这自然引发线人邀请他再次去家中赴宴做客。当然，这一次厄内斯特欣然同意了。

线人和妻子居住在一栋类似联排别墅的房子里。尽管从外面看了无生气，可里面的装饰却十分考究。主人将客人们引到楼上的生活区，也是餐饮区。而厄内斯特的目标是楼下的书房，他们偶尔在那里开过会。在参加这次宴会前的一次会议中，厄内斯特已经瞅准机会检查过那间屋子里的办公桌。他发现当抽屉关上时，抽屉与桌子的尽头有一段空隙。线人临时离开那间屋子的时候，他仔细看了看，发现那里正好可以安装一个麦克风。

非常遗憾的是，那时不是 21 世纪，录音技术还不够发达。厄内斯特那天晚上带在身上的监听器不是只有曲别针大小，而是镶嵌在足有一英尺长的木板上，而且还有电池和带有天线的发射机，他只好把它们裹在自己的腿上。

幸运的是，线人和他的妻子还邀请了其他夫妇，所以也就免不了要相互介绍，说些增进大家了解的客气话——这延长了宴会正式开始的时间。之前，厄内斯特告诉过自己的妻子，在晚会上他会找个理由去洗手间，在那段时间她要兴高采烈地同线人交谈，从而分散他的注意力。

厄内斯特知道楼下有个卫生间，所以他说自己要去一趟洗手间。悄悄溜进那间书房后，他躺到桌子下面，掏出藏在西服里的无声钻头，开始瞄准，在靠近抽屉后部的地方打了几个孔，然后将窃听器加以固定。他小心地将溅到胸前的锯末收集起来，将它们装到口袋里，然后又重新加入了宴会。在那之后的数周时间里，厄内斯特和情报站的同事们对这个线人的谈话实施了监听。很多证据确凿地表明，那位线人同时还与其他几个情报机构合作。

厄内斯特终止了与他的联系，没告诉他到底是什么原因。这件事不仅仅涉及线人的忠诚问题，还涉及一部分与这个线人合作条件的问题：CIA 是不是获得了真相，而且还是获得真相的唯一机构？厄内斯特解释道：

情报工作的目的是为了获得能够满足一定要求的信息，如果这意味着你必须和一个恶魔打交道才能得到，那好吧，顺其自然。如果线人过去一直在向我们提供关键信息，尽管他可能两面三刀，我们可能还是不会放弃他。当然，这也并不是说不考虑这样一个事实：因为多个竞争组织都已知情，情报的价值确实会减少。

在有些情况下，我们甚至不得不说："我们知道你在做什么，但是如果你能够放弃其他客户，我们愿意支付你更多的酬劳。"我们不会告诉他我们是怎么知道的，而是会编造一个故事向他表明我们并没有怀疑他。通过运用那样的策略，你就可能会赢得时间、换回忠诚，否则你还可能遇到麻烦。在间谍交易中，无论做什么，你都要考虑多种选择。与此同时，你还要考虑每一种选择会带来的诸多影响。

接下来让我们看看如何使用非间谍手段（没有隐藏的麦克风，没有伪装），让想要有所隐瞒的信息提供者说出真相。但在此之前，我们不妨考虑一下如何将彼得·厄内斯特的经历应用于普通的商业场景中。假设在某个小规模的社区里，共有两家从事复印或印刷行业的商家，而你是其中一家。一个供应商一直以来单独向你提供一种便宜的墨盒，并且在和照片一样高质量的一种打印纸上给你很大的折扣。你通过其他信息来源得知，供应商已决定向社区里你唯一的那家竞争者提供同样的优惠，吸引他和她做生意。你很失落，因为你从供应商那里拿到的产品给了你很大的竞争优势。你是选择一边继续同这位供应商合作，一边在生意的其他领域寻找竞争优势，并试图寻找新的供应商呢？还是直面供应商并给她优惠，从而让她像以前一样单独向你供货？你的决定取决于从供应商那里所得到的东西的价值。

现在，依据你手头拥有的信息来审视一下那个场景。你不是唯一知道真相的人，而且一个复杂敏感的关系会引起更多人的注意，弄不好还会引起流言，这样的关系值得终结吗？或者，你希不希望设法处理好这个关系，尽管这个信息提供者经常向你有所隐瞒，但你还是能从他那里获取任何你能得到的东西？

## // 评估部分合作的信息提供者 //

你可以通过口头或非口头的测验来给信息提供者设圈套，然后留意那些欺骗线索，并判断他是否有所隐瞒或者在扭曲事实。第二章涵盖了语言和非语言危险信号的话题，本章是对第二章的补充，但重点关注“其他的一些东西”。也就是说，一旦你怀疑自己被信息提供者故意遗漏或歪曲的事实欺骗了，你可能还有什么其他想要知道的东西。

### 语言测验与线索

通过观察信息提供者是否回避“是或不是”类问题，同时在叙述过程中是否存在信息缺失或不符合实情的信息替换，我们很快就能知道自己有没有被骗。

#### 回避“是或不是”类问题

在《超级询问术：如何通过交谈获得你想要的任何信息》(*Find Out Anything From Anyone, Anytime*)一书中，吉米·派欧(Jams Pyle)和我曾提到这样一个询问技巧，那就是提问最好需要叙述性的回答。在定位你的信息提供者、建立密切关系、获取事实上，这是一个基本的技巧。然而，如果想查找真相，有时我们还是需要问一些“是或不是”这类简单的问题。在这方面，莱娜·西斯科依赖“三次法则”。总体来说，如果你问了三次一个特定的“是或不是”的问题，都没有得到确切的回答，那么这个人肯定在向你隐瞒一些东西。情况很可能是这样：这个问题对于这个人来说太敏感，以至于他不能用简单的“是或不是”来回答你。

这里是一位女士与记者对话的再现。这位女士62岁，单身，很有魅力，并且以自己是一名守旧的南方淑女为傲（说她是“南方淑女”，我的意思是来自美国南部的妇女，一般来说享有经济特权并且举止优雅）。记者想要让她回答的是一个关于约会的问题，而且非常直接。一定要注意的是，我们说的是在2014年已经62岁的一个女人，也就是我在写这本书的时候。她约会的主要时期是20世纪的70和80年代。那个时候女人们都崇尚性自由、经济独立，并且想拥有“可以自己开门（独立自主）”的权利。对话是像下面这样展开的：

记者：我正在为一篇文章做调查，我想知道的是——您曾经在约会时请人在外面吃过饭吗？

淑女：你知道，近年来我手头不太宽裕，所以这个问题超出了我回答的范围。

（类似这样的回答就意味着她想回避问题。作者问她以前约会时有没有付过饭费，但她的回答只是聚焦于最近的活动。）

记者：当然，我理解。可我的意思是30或40年前，在你还谈不上经济拮据的时候，你约会时请人在外面吃过饭吗？

淑女：我约会时请人在外面吃过饭吗？

（当重复这个问题的时候，这个女人把头抬得高高的。重复别人的问题是另一种回避行为，这样可以为自己赢得思考的时间。一个人重复问题可能是希望提问者会变得焦躁，然后转到下一个话题。）

记者：是的。我就是想要知道：你有过这样的经历吗？

淑女：都是男士主动买单。为什么我非要坚持付款去羞辱他们呢？

（女人低垂的眼帘表明这个问题可能引起了她的些许负面情绪。

她现在有三次机会回答问题，所以根据莱娜·西斯科的“三次法则”，这位南方淑女肯定有所隐瞒。但是为了抓住最后机会得到答案，作者从一个理论观点提出问题，来证实或反驳她的怀疑——这个女人讨厌约会的时候由女性买单在当时是一种文化。）

记者：如果你那时生活富足，你会主动跟人出去约会吗？

淑女：好吧，就我从小被养育的方式来说，我从不觉得那样做很妥当。

像“从不”这样的词不能替代“不”，而像“我不能”这类的短语也不能替代“不”。用问题来回答问题是纯粹的回避，而逐字逐句地重复问题，则是一种拖延策略。

许多采访者，其中包括知名度很高的一些白宫记者，喜欢用这种易于接受的回答来结束这种“是或不是”的问题。这种回答意味着想让你远离事实和真相。

下面是另一个例子，从另一个稍微不同的角度来展示一下如何运用“是或不是”的问题，并讲解一下“三次规则”在专业领域的应用情况。这是从《审讯内容清单与策略汇总》（*Deposition Checklists and Strategies*）一书中摘录的文本。这个文本主要是为律师们提供各种问题的模板，而这些问题实质上可适用于任何审讯中的证人。这个文本的作者T. 埃文·谢弗（T. Evan Schaeffer）提出了一些建议，和西斯科的观点基本一致。

有时候你很难从证人那里得到答案。你好不容易定位跟踪到一个问题，准备深入挖掘的时候，证人突然就开始烦躁、踌躇、回避。一切都出乎意料，他甚至不愿意回答你正在提出的问题。

Q：2005年8月14日那天，你在开会现场，是吗？

A：那个月我正在旅行。

这是答非所问，所以你又开始询问。

Q：我再问一次。2005 年 8 月 14 日那天，你在开会现场吗？

A：你知道，我不记得那天都干了些什么。

你会放弃这个问题吗？当然不会。你说："谢谢你告诉我那些，但你还是没有回答我的问题。我还是要问你……"

可是证人做出的这种回避行为有效吗？偶尔可能管用。你必须坚持继续提出你想得到回答的问题，直到证人做出回答。一遍一遍地问，通常到第五次或第六次的时候，证人就会觉得无法掩饰了。

回避"是或不是"问题的另一个方法就是使用掩饰性的语句。这种语句旨在隐瞒真相，就像比尔·克林顿（Bill Clinton）否认自己和白宫实习生莫妮卡·莱温斯基（Monica Lewinsky）有关系时说出那句臭名昭著的话一样："我和那个女人没有发生过性关系。"如果在他的脑子里，他和她从事的活动构不成性关系，那么从他的角度来看，这句话就代表了一个真实的表述。前总统克林顿的问题在于，他周围的人都把这些行为看作是"性关系"。因此，在这件事上，他最终被认定为撒谎了。

美国前总统理查德·尼克松（Richard M. Nixon）向大陪审团提交的关于有人指控他买卖大使职位的证词，就处处充斥着掩饰性语句。从 1975 年 6 月 23 日和 24 日提交，直到 2011 年 11 月 10 日，这份证词一共尘封了 36 年。大陪审团文件列出了五类询问问题中一个方面的内容："关于五个大使考虑人选涉及竞选捐助事宜"，然后给出了那些人的名字。

在一问一答的过程中，副特别检查官托马斯·麦克布莱德（Thomas

J. McBride）是其中的一位询问者。他问了这样一个没头没脑的“是或不是”问题：“你记得罗莱特（Roulet）先生在1969年的任命吗，作为驻牙买加大使提名和批准的那次？”接下来的对话展示了尼克松如何从精神上引领大陪审团，让他们一步步相信他那些充满了隐瞒语句的证词：

尼克松：好吧，我认为这样比较好，麦克布莱德先生。我先来告诉你，我是如何处理大使相关事务的，还有这样一份文件（指的是有人为罗莱特提供捐助并已接受的证据）是如何到我这儿的，这样你就能完全明白有些事情我能回忆起来，而有些事情我实在回忆不起来了，并且我会告诉你为什么有些事情回忆不起来了。

麦克布莱德：非常好。

尼克松：首先，注意一下这个日子，这是一个相当忙碌的时期。那时我们正在……正在越南发动一场伟大的春季攻势，正像你记得的那样。1968年我们曾经发动过一次，然后尽管在1969年年初时我们有一个和平提议，但还是发动了一次并且正在接近有个结果。然后，基辛格博士和我还要为8月份的秘密会见制定策略。

接下来连续数页，尼克松都在讲述大使是如何选出来的，他是如何忙于真正重大的事项，以至于“我不得不表明，我根本就没注意一些二流国家，但我必须这样说，我认为这是正当的，所以关于谁推荐了他们之类的回忆非常模糊”。

在回避和编造又持续了好多页之后，尼克松才开始回应买卖大使职位的问题：

关于那个问题，我愿做如此回答：我想不起来曾经授权买卖大使职位，或者为大使职位弄什么绝对的承诺。正如我在前面表明的那样，关于大使的选拔过程（这个在记录里已经有了），我能想起的就是那些有突出贡献的人才会被纳入考虑范围。但是如果涉及特殊承诺（就像你们说的那样），或者买卖大使职位，我想不起来曾经使用过这个术语或者试图使用这个术语。

遗憾的是，许多政客帮助发愣的人们突然意识到了这个现实：这种回答比不回答还要糟糕。这是一个欺骗，只不过掩藏在听似可信的托词之中，除非你有探测真相和谎言的技巧。

## 练习：运用“是或不是”类问题

你可以问你认识的某个人这种“是或不是”类问题，不过这很可能就会让你的信息提供者觉得有一点儿不自在。比如，你和某个聪明、世故且博览群书的人一起工作。你可能会问他：“你看过电视真人秀吗？”如果你得到一个像这样的回答：“哦，拜托！那些真人秀太傻了。”那么你就知道自己可以运用西斯科的“三次法则”了。

你也可以结合对话激励因素来试试这个练习，看看你有几次能够冲破“是或不是”问题带来的僵局。在上面提到的真人秀情境中，你可以提出一个让步条件（一种类型的激励因素）。你可以说：“我知道。他们大多数真的很傻，但有时我跳着选台的时候，一些真人秀吸引了我的注意，我就坚持着看上几分钟。”或者，你还可以尝试提升自尊的激励因素：“不要误会我啊。我从没认为你会喜欢看任何真人秀，可我就是好奇你是不是曾经看过一次。”

### 缺失与不符

根据你能收集到的信息类型：人物、地点、事物和活动等，评估你已经拥有的和可能缺失的信息。当你听到或读到一个故事的时候，问一下自己，所有这些要素单独地或在一起是否合乎情理？问你自己的问题包括：

◎故事中的人物数量从开始到结尾一致吗？

◎人物的性别一致吗？

◎人物之间的关系清楚吗？

◎那个人说他当时所在的地方和位置合乎情理吗？

◎关于那个地方的描述与我了解的一致吗？

◎那个人说故事中的人物做了那些事，他们真的那样做的可能性有多大？

◎那个故事中对各个要素的描述听起来可信吗？

◎描述的那些事件与时间是不是大体相符？

◎那个故事的脉络合乎情理吗？

在你听到或读到一个故事的时候，如果面对的“讲故事的人”很出色，你就不会自然而然地产生冲动去思考上面那样的问题。在剧场里，花钱买着听故事的现象被称为“自愿终止怀疑（willing suspension of disbelief）”。在现实生活中，要引起这种现象诀窍在于，故事要“足够有料”，看似符合逻辑、令人信服，足以避免像上面那样的问题蹦入听者或读者的脑子里。

另一个起作用的因素也会影响故事的可信度，即外表。很多年以前，我的一个朋友在营销会议上遇见了一个英俊的男人。他是营销会上的展示者之一，看起来有点像个高层管理者，似乎生活的方方面面都尽在掌握一样。她被他深深地吸引了。在他展示完毕之后，她接近他，心想着称赞他的演讲或许是见他的合理方式。最后，那天晚上，他俩与她的两个生意伙伴去喝鸡尾酒。那个男人讲了许多引人入胜的事情，关于他的大学生活、服兵役，还有如何创建他自己的公司。我的朋友深深地迷恋上了他，是那么的迷恋，以至于她没有发现他故事中的那些不合理。尽管其中一个生意伙伴察觉到了，但后来才和她提起来。她立刻认识到，她对那个男人的迷恋大大地助长了她“自愿终止怀疑”的能力。

这是人天生的一个特性，泰德·邦迪[1]就是充分利用这一点谋杀了那些女人。泰德很有魅力，非常聪明，年轻时有些害羞，但他展示出了编造故事的本事，这助他一步步演进为一个魅力四射的男人。偶尔，他会假装胳膊骨折了，为他的魅力增添几许无助。他的出现不会引起怀疑，因为我们许多人受到的教育都是邪恶的人是丑陋的。

---

[1] 泰德·邦迪（Ted Bundy，1946 — 1989），原名西奥多·罗伯特·考维尔（Theodore Robert Cowell），是美国一个连环杀手，活跃于1973年至1978年。他承认自己犯下了超过30起谋杀。因在狱中协助警方分析另一起连环杀人案而被影片《沉默的羔羊》设定为人物原型之一。

## 练习：运用批判性思维审视故事讲述

观看一部电视剧或电影（不是真人秀节目哦），记住要带着寻找其中破绽的特定目的。你要寻找情节漏洞、人物性格矛盾，或者对话中与前面提到或商讨过的内容不相符的部分等。按照人物、地点、事物和活动等进行思考，来组织你的批判性思维。

如果你正在看一部科幻片或邦德电影，就不要关注技术层面上的不合理，比如会飞的汽车、能治疗大脑肿瘤的手持设备等。要紧紧抓住故事情节，看它是如何推进的。比如，你看到两个人进了一部电梯，嘴里讨论着一个至关重要的话题。这时插入了广告。当故事又继续时，那两个人正走出电梯，并且他们的话题恰恰是从广告前他们中断的那句话开始。那么在电梯里的时候，难道他们的嘴被冻住了吗？

这个练习是很好的训练，它不让“自愿终止怀疑”的天性战胜你。但是，你需要具备随时切换的能力，当你想要进入故事角色的时候，你就能做到。否则，在有生之年，你就不要指望再享受剧场给你带来快乐了。

### 非语言测验和线索

在人类非语言行为领域，三个不同方向的研究给我们提供了很好的见解，可以帮助你证实或否认信息提供者是否在讲述事实真相。这三个方向包括：语音学（vocalics）、身势学（kinesics）、空间关系学（proxemics）。

#### 语音学

倾听或者观察语音表达上的变化，是找出谎言中的漏洞的一个方法。语音学属于非语言交流研究的一个方向，因为它关注的是事情怎样说出来的，而不是说了些什么。在这里，我主要探讨语音学三个方面的内容：音质、强调、填充语的使用。它们经常被用来表达情感，并且总是能帮助解释别人到底在向你说些什么。

**音质**

声音包括音高、音调、语速、音量、嘶哑、刺耳和鼻音等特性。在一些情况下，它们会随时发生变化，这反映着讲话者偏离了自己的基线。

音高有助于传达讲话强度、表达问题，或者传达不确定甚至欺骗。一个女性刚刚获得了“环球小姐”比赛的冠军，很可能会用很高的音高说：“谢谢你们！谢谢你们！”此外，在典型情况中，一个人的声音在问题的最后往往会升高（尽管在有些文化中情况可能相反），所以在“那会花多长时间，从这儿到巴黎？”这句问话中，“巴黎”的音高会升高。

关于不确定或者说谎的表达，也经常会有音高提升的情况，这表明下一步你要做的就是相信他。比如，在展销会快结束的时候，销售员可能会说：“这个产品比其他产品更可靠。”在这句话里，“可靠”的音高会升高。如果再搭配被格雷戈里·哈特利（我的《如何识破谎言》（*How to Spot a Liar*）一书的合著者）称为“恳求同意”的面部表情，那么音高上的变化就传递了一个重要的非语言信息。音高提升，再加上紧随其后的面部表情（包括轻微地抬一抬眉毛），那就是想表达这样一个意思：“你相信我，是吗？”

这种音高变化和极具含义的面部表情的组合，说明了这样一点，那就是不同类型的非语言信息如何经常共同发挥作用，来确定你对一个人的怀疑。

音调是声音的一种特性，对传达意图也大有帮助。关于音调的大部分知识，都是我小学一年级之前从我妈妈那里学来的。那时候，她会让我去干什么事，而我又没什么兴趣，我就会说："好吧，妈妈。"但是我回答的方式通常会招来这样的回应："你不要用那种口气对我说话，年轻女士。"

音调和音高相互配合，可以传递讽刺、发现某人正在开你玩笑，或者从平静的语气中感受到愤怒，等等，还有很多。它们使讲话产生细微的差别，从而使谈话内容及其目的更加明晰。它们的关键作用就是确保一条信息获得正确的理解。而相比而言，电子邮件在试图表达有趣或讽刺时就显得极其机械。虽然表情符号有些帮助，但它们并不是总能消除语言交流中的迷惑现象。

语速是某个人在特定对话中所采用的发音速度。在当时的对话环境下，语速上的突然变化意味着偏离正常的基线，它表现出了一种压力。今年早些时候，在打一个业务电话的时候，我察觉到对方加快了语速。我看了看时间，差 3 分钟就到 11 点了。尽管我们并没有提前约定结束通话的时间，并且还有许多未尽事项需要探讨，我还是问："你 11 点还有别的安排吗？"他说是的，并非常惊讶我问的这个问题。

一个不完全诚实的信息提供者可能会加快语速或者放慢语速。如果有人想欺骗你，加快语速就可以阻止你打断他的话题，并防止你向他提问或给他制造麻烦。而如果信息提供者突然放慢语速，而不是像刚才那样流畅，而是一字一顿地说，"我——没——有——和——那——个——女——人——发——生——关——系"，那你就有理由怀疑他陈述的真实性。这里又提供了一个场合，让我们能够看一下两个非语言表达共同发挥作用的情况。在比尔·克林顿否认和那个女人发生关系的过程中，他不时中断谈话，并三次抬起他的前臂，做出锤击的动作。而这种侵略性的动作并不是克林顿惯常的身体动作风格。

音量是另一个传递声音强度的音质。对指控言词激烈的否认就可能比谈话的其他部分更大声。当然，一些人在表示否认时也会变为喃喃低语。然而，并不是任何一种音量变化都自动表明那个人正在撒谎。接下来，关于人体举止神态的讨论将提示我们，只有将特定的手势、面部表情和音量上的偏离结合起来，才能加强我们对欺骗的怀疑。

像嘶哑、刺耳或者鼻音这样的音质，只有对于某个人来说变得不太正常的时候，才表明他紧张了。当声带拉紧，并且（或者）喉咙发干的时候，嗓音就会呈现出不同的声音，它可能会变得非常刺耳，就像喜剧演员琼·里弗斯（Joan Rivers）的声音那样。不过她总是那样，那就是她的基线。寻找其他紧张的迹象，比如眨眼睛。如果喉咙因为温和的“战或逃”（fight-or-flight）反应而变得发干，那么眼睛也会变得发干。你还可以看到，如果声带发紧，那么这个人的身体也会变得僵硬。我过去在大学里为音乐剧试唱的时候，就经常见到这种身体紧张和声音紧张同时存在的情况。如果你对试唱真的非常紧张，就可能唱不到高音（同时你的舞姿也不会那么美妙）。

### 练习：检验和谐关系以及与主体的情感依附

现在你对一些因紧张而引起的声音上的变化有了一些了解，接下来你可以尝试通过测验唤起某些人声音上的这些偏离。这样，你就可以对一些交往的和谐程度有更深的感受，并对信息提供者的情感依附有更深的理解。

在一次谈话期间，将音高提高一点，语速加快一点，让它们与你的活泼程度相符，然后观察一下其他人是不是也有同样的反应。当人们感觉自己与某个人关系融洽时，他们有一种自然受这个人感染的倾向。如果信息提供者的音高和语速也提高和加快了，那么你和他的关系就可能和谐融洽，或者至少正走在形成良好关系的路上。相反地，如果你感觉他对你的兴高采烈毫无兴趣或者不舒服，那就可能表明你们两个的关系还不是那么和谐。

提出一个涉及情感的话题，积极或消极的都可以。如果你的信息提供者正在工作，那么你就可以提起一个共同的“敌人”，然后观察他的情绪反应，并发现它是如何影响他的音质的。它可以是一个人、一条办公室规定，或者你们两个都不愿参加的会议。如果它对信息提供者来说真的非常消极，你就应该能听到她声音里的重大变化。

注意重音。在下面的句子中，根据重音所放的位置，讲话者传递了三个不同的信息。

“我没有做那件事。”讲话者想要表明，是她，而不是其他人，没有做过问题中的事情。

“我没有做那件事。”讲话者想明确地表示她否认做过问题中的事情。

“我没有做那件事。”讲话者否认做过问题中的事情，但她可能做过与之很类似的其他事情。

在与信息提供者对话期间，要注意哪些词语被强调了，但如果你怀疑他存在欺骗行为，那同时也要注意他没有强调的地方。2010 年 5 月份，环法自行车赛的获胜者弗洛伊德·兰迪斯（Floyd Landis）承认，他使用了增强性能的药物，并指控兰斯·阿姆斯特朗（Lance Armstrong）也做了同样的事情。此后，在加利福尼亚举行的一次自行车赛期间，阿姆斯特朗召开了即席新闻发布会。他对记者们说："我们没有什么可隐藏的。我们也没有什么可逃避的。"

奇怪的是，他的否认中缺少的恰恰是对关键字的强调。此外，他的发言趋近于降音。

倾听填充语。英语中典型的填充语包括"嗯""哦""好的""像"和"你知道"等，当然填充语不是英语中独有的现象。你会发现在很多语言里，填充语都会不知不觉地溜进对话当中。美式手语也包含一个"嗯"的手势，所以说填充语甚至不单单与口语相关。总之，当你思考下一步该说什么的时候，可以用这类音节或词语来补位。如果你问了信息提供者一个问题，得到了一个"嗯"的回答，或者句子中充满了填充语，这些迹象就表明那个人要么不想回答你的问题，要么还没想出如何回答。留意这些能给你指示的动态信号，看看信息提供者是否存在紧张现象，从而发现可能存在的欺骗企图。

爱伦·霍恩（Ellen Horne）是纽约公共电台皮博迪获奖节目"广播实验室（Radio lab）"的执行制作人，她讲述了一个行骗高手的故事。那个人名叫霍普（Hope）。用爱伦的话说，她"非常迷人"。在霍普因行骗被审讯期间，爱伦甚至发现自己"全力支持她"。

在还有两天就要开始两年徒刑的时候，霍普同意接受爱伦的采访，但是她一而再再而三地改期，并最终取消了。在其中一次要求改期的电话里，她这样说道："喂，爱伦，我是霍普。现在已经，嗯，快 3 点了。事实上，嗯，我的确不得不改变我们在 5 点钟的会面。我不得不处理一些与女儿有关的事。嗯，我没有时间，嗯，没有时间在 5 点之前赶过去。”我给填充语和一些词语加了斜体，表明霍普还没彻底想清楚如何撒谎。

### 身势学

大多数人会认为这是身体语言，但是我认为，所有的非语言交流都是身体语言，所以我想区分动作—身势学和其他非语言研究之间的不同。

### 眼神交流

在第二章中，我们已经详细描述了评估眼部动作的方法，这些方法主要是通过眼神交流来决定一个人是否繁忙、情绪激动、深入思考，或正在形成一个想法。在本节内容里，我们将重点关注眼神交流在信息提供者身上的其他应用技巧。

与一个人进行眼神交流会引起反应。在一次会议上，如果你想知道某位同事对你的提议有什么看法，你可以陈述这个想法，再问：“你怎么想的？”然后注视着你希望给出回答的那个人。这是老师们惯用的一个伎俩：虽然没有确切地点名让一个人回答问题，但眼神交流的动作毫无疑问地表明，他希望从那个人那里得到回答。如果辅助以沉默这个对话激励因素，这就是一个非常管用的策略。先进行眼神交流，再提出问题，然后等待回应。

你可以通过眼神交流或抑制眼神交流来传递信息。比如，在信息提供者提供了答案之后，你的眼神就可以传递这样一种信息：我正在考虑那个答案。再配之以沉默，或者一种消极的反应，比如“嗯——”，你的眼神就足以从信息提供者那里得到更多的信息。

由此可以推出，缺乏眼神交流也可以传递同样的信息，这是因为当人们正在消化对方所说的内容时，他们总是看向别处（眼睛向上或者看着旁边）。

你能用眼神传递的一条关键信息，就是流露出你的兴趣并愿意建立关系。这是对和谐关系或试图建立和谐关系的一种感知。当人说话的时候，持续的眼神交流，连同一些动作，比如点头和身体稍微前倾，都是积极倾听技巧的一部分。

眼神交流有一个很强大的能力，那就是恐吓，有时候这是你想要达到的效果。在第四章探讨将沉默作为对话激励因素的时候，我提到过在谈话中沉默时间过长可能会让人感到不舒服，但是不同文化背景的人在时间上会有一或两秒的不同。眼神交流也同样存在这种文化差异。在美国和西欧，人们的看法也许趋于相似，但在中东、亚洲、拉丁美洲和非洲，持续的眼神交流（在这一点上，性别因素也很重要）就可能意味着不适合甚至是威胁。所以，在将眼神交流作为获取真相计划中的一部分之前，一定要弄清楚信息提供者的文化习俗。

**面部表情**

“面部表情是一种动态信号，它随着时间推进实时传递信息。”蕾切尔·E. 杰克（Rachael E. Jack）说。蕾切尔·E. 杰克是2014年发布的一项研究成果的首席研究员，这个课题的研究团队来自于格拉斯哥大学神经科学和心理学学院。杰克的研究提供了有价值的新鲜见解，它让我们更好地理解，面部表情如何帮助我们发现信息提供者是否紧张或有其他情绪反映。这样，他们就建立起了一个精细复杂的信号系统。

数十年来，在这个研究领域里名气最大的是保罗·埃克曼，他是“情绪与面部表情关系（emotions and their relation to facial expressions）”研究的先行者。埃克曼在关于“人类情绪表达的普遍性”的研究中做了开创性的工作，他将几乎所有人都有的情绪表达明确为以下六项：厌恶（disgust）、悲伤（sadness）、生气（anger）、害怕（fear）、惊奇（surprise）和快乐（happiness）。格里高利·哈特利，是军队审讯方面的指导教员，著有多部关于身体语言与人类行为的书。他又明确了其他四种情绪：蔑视（contempt）、骄傲（pride）、不确定（uncertainty）和尴尬（embarrassment）。2012 年 3 月 31 日，俄亥俄州立大学（Ohio State University）宣布，认知科学家、电子与计算机工程副教授亚历克西·马丁内斯（Alexi Martinez）领导的团队已经研制出一个计算机模型，明确了人类共有的 21 种完全不同的面部表情：生气 / 愤怒（angry）、震撼 / 震慑（惊讶且有一点点惧怕，awed）、吃惊（surprised）、厌恶 / 恶心（disgusted）、恐惧（fearful）、愤怒且恐惧（fearfully angry）、厌恶且惊讶（disgustedly surprised）、恐惧且厌恶（fearfully disgusted）、惊惧（fearfully surprised）、幸福且厌恶（happily disgusted）、愤怒且惊讶（angrily surprised）、悲伤且讶异（sadly surprised）、悲愤（sadly angry）、悲伤且恐惧（sadly fearful）、悲伤且厌恶（sadly disgusted）、悲伤（sad）、高兴（happy）、心怀怨恨（hateful）、惊喜（happily surprised）、愤怒且厌恶（angrily disgusted）和厌恶且愤怒（以愤怒为主，appalled）。

与此相反，杰克的研究将基本的面部表情减少到四项。以埃克曼的六项情绪为出发点，他的团队让多名研究参与者对随机出现在屏幕上的表情进行分类，这些表情包括：幸福（happiness）、惊奇

（surprise）、害怕（fear）、厌恶（disgust）、生气（anger）或者伤心（sadness）。参与者们一致同意，这些表情确实传递了情绪信息。下一步需要弄清的是哪一块肌肉运动与相应的情绪有关，什么时候对这些肌肉运动进行分析。研究者们发现，幸福与伤心很容易就被识别开来，而其他四个的区分并不是那么清楚，它们需要花一定时间才能被识别出来。最终，他们合并了害怕和惊奇，厌恶和生气。"初期的面部表情信号支持四种表情类型的识别，即：幸福（happy）、伤心（sad）、害怕/惊奇（fear/surprise，即快速到来的危险）和厌恶/生气（disgust/anger，即持续的危险），只是后来才被更精确地区分为六类情绪类型。"

杰克的分类方法可以帮助你评估信息提供者诚实与否，其价值就在于这些分类可被重新解读为幸福（happy）、伤心（sad）、靠近（approach）和逃避（avoidance）。

如果信息提供者很高兴，那就意味着他非常合作，或者完全确信他已经愚弄了你。

伤心表明他卷入了沉重的情感话题，你的问题已经说中了他的心事。

如果你提的问题让信息提供者眉毛上扬、睁大双眼、嘴巴微张、并且伴随着又惊又怕（哪怕只有一瞬间），你就会知道他的心理防线已经接近崩溃。

如果你向信息提供者提的问题使他眉头紧锁，并且带有一副这样的表情，好像在说："离我远点。"那么你就会知道这个问题带来了厌恶或生气的情绪。他将会顽固到底，并且他的反应很有可能会是一副敌对的样子。

关于上面的最后一点，埃克曼认为还有一种额外情绪，这种情绪可被姑且称为“怒火（hot anger）”。他经过广泛研究后认为，在嘴巴内部的边缘地带存在一种“主管生气”的肌肉，这块肌肉不受大多数人的控制，而一旦启用它的时候，脸部就会非常清楚地表达真正的生气。

**姿势和手势**

在第二章中，我们重点关注了四种基本类型的姿势或手势：说明型的、调整型的、阻碍型的和适应型的。对于每个人来说，这些姿势或手势都有一个正常的范围。如果一个人偏离了上述任何一个对于他自己本身来说正常的范围，就表明他是紧张的。当然，紧张也分好坏。“好的紧张”就是强烈地期望取悦于人，而“坏的紧张”就是存在害怕心理。作为对第二章的一个补充，这一部分将重点关注有“棱角”或“曲线”特征的姿势或手势。

以前在不列颠哥伦比亚（位于加拿大西部）时，我曾参加一个为期 10 天的越野挑战赛。在比赛之前接受野外训练的时候，我观看了一部电影，讲的是如果你迎面碰到一头熊，你该怎么办的故事。电影给出的建议是“变大”。你摆开架势，伸出胳膊，而且通常是尽可能地让自己看起来更大，更“有棱有角”。相反的做法则是弓着背、缩着肩、蜷着胳膊，看起来再也不能更小、更无助了。换句话讲，这就是“捕食者”与“猎物”姿势之间的区别。

如果信息提供者采取的是“有棱有角”的姿势（不管他是站着的、坐着的、蹲着的还是躺着的），你都可以认为他很有信心。一个典型的有棱角的站姿就是把手放到臀部上；如果采取坐姿，两腿交叉成“4”字，也是一种有棱角的姿势；2014 年 5 月，爱德华·

斯诺登接受了美国国家广播公司（NBC）主播布莱恩·威廉姆斯的采访。在这个过程中，他采用的两个主要姿势之一就是这个姿势。如果你已经怀疑信息提供者来者不善，然后他又采用了一些有“棱角”特征的姿势和手势，那么你就有了怀疑的另一个理由。这就意味着你和这个人的和谐关系可能并没有想象的那么好，他的身体姿态表明他想让你离他远一点。

相反地，如果你的信息提供者弯腰驼背，将两臂放到胸前做出拥抱自己的动作，或者采用其他有“曲线”特征而不是“棱角”特征的姿势和动作，那么你拥有的就是一个“猎物”，而不是“捕食者”。你是否会变得更加咄咄逼人，取决于是否得到了满意答案。

**空间关系学**

这种非语言行为关注的是你离某个人多远或者多近，以及距离远近对人际交流的影响。通常，在公共场合，当步行走过城市公园的时候，你可能维持的距离至少有 3.5 米。在社交场合，当你参加一个商务会议时，距离至少要保持在 1.2 米。个人空间可能也就是离身体 0.3 米左右，并向外扩展到社交区域的开始距离 1.2 米。对个人空间的突破，尤其是猝不及防的侵犯，能够引发极端的消极反应。

如果你已经与信息提供者建立起了牢固的和谐关系，那么 1.2 米的距离基本上不成问题。但是如果你探身过去到距离 0.6 米时再问问题，信息提供者会有什么反应呢？你的动作可能就会被视为一种侵略性的行为。信息提供者的面部表情传递了什么样的信息，靠近（害怕或惊奇）还是逃避（厌恶或生气）？你的信息提供者是不是突然利用身体的一部分（双臂交叉或轻微侧身），或用一个物体作为屏障（伸手去够他的手机）？

领土权的概念同样也适用于这个领域的研究。所以即使你碰巧经过信息提供者的房间，当你坐上他喜欢的座位，你也会有相同的反应，就好像你在靠近他并且侵犯了他的私人空间一样。

总而言之，如果你想要测验你们和谐关系的牢固程度，那么使用空间关系学的知识不失为一个好办法。你可以拉近你和信息提供者之间的距离，占领本应该受他控制的“领地”，然后再来观察他的反应，这样你就能够知道你和他之间的关系如何了。

为了总结非语言行为领域的相关挑战，莱娜·西斯科说道：

你的工作是将身体做的与嘴里说的进行配对。如果不一致，那你就有理由认为这个人正感到紧张。紧张可能有很多原因，但紧张也能表明一个人并不是完全忠诚于你。

行为的一致（意思是心口合一）意味着真诚，而心口不一则意味着这个人对提出的问题或他的回答感到局促不安。

## // 为什么撒谎？ //

如果认为大多数人除了说实话还是说实话，那我们就太天真了。现实是，我们中的大多数人都很注意隐藏一定种类的信息，并且审慎地歪曲其他的一些信息。因此，尽管我们可能经常与一些合作的信息提供者打交道，并且在某些情况下还要从心怀敌意的信息提供者那里套取信息，但最常见的情景应该是：我们想要从某个想有所隐瞒或歪曲事实的人那里获取真相。

然而，并不是只有那些想要有所隐瞒的人才会抹杀事实或编造谎言。我们能够理解某些人因为有罪或处于尴尬局面而不得不撒谎，但为什么有些很有修养的人，在他们只需要把生活中的实情告诉人们就已经很有意思的情况下，还要撒谎呢？

为什么人们在没有必要撒谎的情况下还要撒谎呢？戴夫·梅杰（Dave Major）仅用一个词来回答了这个问题：成就感。毫无目的地撒一个谎并让一些人相信你，能给你带来成就感。它是瑞安·霍利得曾经拥有的那种成就感。当他看到主要新闻报刊都在报道，说他是某个方面的专家时，他就感觉拥有了一种成就感。事实上，对于那些事他知之甚少，甚至全然不知。霍利迪是《相信我，我在撒谎：一个媒体操纵者的自白（*Trust Me, I'm Lying: Confessions of a Media Manipulator*）》一书的作者，他让许多媒体都相信了他在某个项目上的“专长”（而事实上他对这些东西一点也不知道），并进行了大量报道，这些媒体包括：纽约时报、路透社、ABC 新闻、哥伦比亚广播公司（CBS）和 MSNBC 等。

你现在看到的就是被某个人欺骗的迹象，而这个人对你没有敌意，并且没有足够的理由向你撒谎。你可能正在对付某个人，而这个人仅仅想知道他是否有侥幸逃脱的能力。

习惯于这样做的人的脑部结构与别人不同（字面上说）。杨亚林（Yang YaLin），美国南加州大学（University of Southern California）的心理学家，将功能性磁共振成像（FMRI）技术应用于受试者。这些受试者包括持有医院证明文件的病态撒谎者和非撒谎者。对撒谎者的研究显示，在他们大脑上与个性、同他人协调、计划复杂的认知行为、决策等功能有关的部分，白质有令人惊奇的增加（白质比非撒谎者多23%到36%）。这一部位与“撒谎”有关。并且你拥有的白质越多，就越能够将各种信息组织到一起，来捏造一个故事。杨是这样假定的：“在撒谎的情况下，这是可以想象得到的，那就是过度地重复撒谎可以激活主管说谎的前额电流，结果就是使大脑形态发生永久性的改变。”所以，外面那些以撒谎为乐，并且总是想着能不能侥幸逃脱的孩子们，可能正在从事一种改变大脑形态的行为。至少这是一个理论。另一种说法是他们从生下来就是那样。

## // 行动中的困惑 //

现在我们脑子里已经有了这些小技巧，包括对“是或不是”一类问题的回避、填充语和想有所隐瞒的人回避直接提问的其他方法等。带着这些技巧，接下来我们想一想来自美国《24 小时》（TV show 24）节目第一季第 5 集中的一段对话。那天一大早，参议员大卫·帕尔默（David Palmer）（丹尼斯·海斯伯特（Dennis Haysbert）饰）打算宣布美国总统候选人资格，并且决定和他儿子面对面交谈一下关于他儿子涉嫌谋杀的事情。

大卫·帕尔默：在你姐姐被强奸的那天夜里，你有没有联系过弗洛伊德·里希特（Floyd Richter）?

基思·帕尔默（Keith Palmer）：什么?

大卫·帕尔默：你听到我说什么了。

基思·帕尔默：我，我不相信这个。我的意思是，怎么突然就提起这件事了？我的意思是，就让它留在过去属于它的地方吧。

大卫·帕尔默：我也想这样做，相信我。但既然发生了，我忘不掉（停顿）。在你发现尼科尔（Nicole）被侵害后，那天晚上你做了什么？现在告诉我实情，所有的实情。

基思·帕尔默：我认为你没有权力问我这个问题。

大卫·帕尔默：你认为我没有权力吗?

基思·帕尔默：是的，我认为。看，既然这种事情发生了，就需要有个人来处理它。

可是你呢？你在芝加哥演讲，或者正在纽约拿大奖。

大卫·帕尔默：以后有时间我们再来讨论作为一个父亲失职的问题。现在我想知道，发现你姐姐被强奸之后，你做了些什么？

基思·帕尔默：我告诉过你了，我是不会回答这个问题的。

大卫·帕尔默：你会回答我的。

从本质上说（而不是内容上），这种类型的问答是我们许多人都会经常遇到的，它可能发生在我们与喜爱的人之间、同事之间、客户服务代表之间，还有其他日常生活中。正像大卫·帕尔默突然一下就生气了，原因就是他儿子对问题的回避。我们其他人也一样，当自己提出的问题没有得到直接回应的时候，我们也会生气的。

下一章的见解将会帮助你辨别面对的是不是不肯合作的信息提供者。在那之后，如果你想更进一步，就需要调整你的对话激励手段、身体语言、建立和谐关系的技巧等，来适应信息提供者和当时的具体情况。

# Chapter 9 应对心怀敌对的信息提供者

我没有要求他任何事情。我问他：“有什么我能为你效劳的吗？”

I don't ask him for anything. I ask him, “Is there anything I can do for you？”

——埃里·马多克斯（Eric Maddox）

找到萨达姆·侯赛因并用自己的方法发起审讯的美军审讯官

《沉默的羔羊》（*The Silence of the Lambs*）获得了1992年的奥斯卡最佳影片奖，网站MDB.com对它的介绍只有一行：“一位年轻的FBI见习特工必须向身陷囹圄但操纵欲强的杀人狂魔吐露自己的秘密，以获得他的帮助，去逮捕另一位专剥受害人皮肤的连环杀手。”在这种情况下，心怀敌对的信息提供者汉尼拔·莱克特（Hannibal Lecter）因此引诱这位审讯者进行一场“互让互惠”的交换，为她提供逮捕杀手所需的真相。莱克特不会轻易回答特工克拉丽丝·史达琳（Clarice Starling）的问题。他智商极高，富于创造，却是个精神变态者，想看到她的感情被自己一点点拆解，才告诉她需要知道的事情。

但愿，你不必从一个精神错乱的食人狂魔那里设法榨出真相，但你极有可能要与不合作的信息提供者做交换，他们就是不想让你舒坦，然后才会为你提供任何信息。一个稀松平常的例子就是，如果丈夫背叛了，他会希望妻子因为她做过的伤害婚姻的事感到难过，然后他才会坦白自己的不忠（反之亦然）。

在像这样的情况中，你可能会得到真相，但不会是掌控谈话的那个人。在本章中，专家会告诉你如何建立、保持并重新掌控谈话，这样一来你就能确保得到需要的信息。通过他们描述的这个方法的所有部分，你就能将心怀敌对的信息提供者带到你这边，戳穿谎言，并提取真相。

## //6 步找到独裁者 //

埃里克·马多克斯开发了一个系统，让心怀敌对的信息提供者变得配合，并最终帮他找到了萨达姆·侯赛因。虽然马多克斯在亚利桑那州的瓦丘卡堡经历过美国陆军的审讯训练项目，但他认为陆军的审讯方法有瑕疵。他将在瓦丘卡堡学到的并认为有效的技巧融入到他自己的审讯方案中。他研发的这个方法很可能会让非军方人士面对心怀敌对的信息提供者时产生更多共鸣，因为它不包含任何恐惧或威胁的元素。它依靠下面 6 个步骤：

1. 理解信息提供者的处境；
2. 确认他的需求；
3. 培养信任；
4. 从心理上重新导向信息提供者；
5. 将利害关系融入语境之中；
6. 提适宜的问题。

## // 理解信息提供者的处境 //

马多克斯会首先着眼于犯人的处境。他会充分考虑犯人被带进审讯室之前的所有经历。这就类似于一位 CEO 与有金融犯罪嫌疑的高级主管参加会议，会腾出空档思考那个男人的处境：他在异国他乡运营业务，周围都是不同文化背景的人，而我召他过来开这个会，他要坐飞机飞 11 个小时，穿上职业套装，然后跨过我的这道门。他现在又累又怕，而且很可能认为我现在正在算计并想要报复。

在战场的审判地，马多克斯会考虑诸如以下这些因素：这名犯人深更半夜在他自己家里被抓。当我们的士兵进入他的家里时，一开始并不知道他是谁。他们在他家里大概待了 45 分钟。最后，他们把他顶在墙壁上，用手电筒照他的脸，并表明有一名随行的告密者会帮助辨认他。当他们再用手电筒照他的脸时，队员们就不断喃喃地说："是的，是的！就是他！"然后他们快速将他转移到一架直升机上。他知道没有其他罪犯被带到直升机上。有人给他戴上头套，飞了两个半小时后把他带到了一个地方，从那以后他就一直被隔离在那里。

不管是战犯还是那个高级主管，在任何一种情况下，想从信息提供者那里得到信息的人都必须考虑以下问题：这个人在想什么？除了其他事情外，他想知道是谁告发了他，或他是怎么被找到的。在所有的可能性中，他也会设想，如果他打算接受审讯，提问的那个人帮助他出去的情况为零。正如马多克斯说的：

如果你在战区中部炸毁了某个人的家门，抓住他的衣领，给他戴上头套，把他空运进牢房，并隔离几个小时之后，当你摘下他的头套并对他说"我是来救你的英雄"时，如果你还认为他会相信你，那简直是荒谬至极。

所以第一个问题一定是："这个犯人的脑袋里在想些什么？"当我摘下他的头套时，他认为他会看到什么？他认为我会问他些什么？他认为我从哪个方向切入？

我想要弄清楚那个犯人头脑中每个可能的问题、关心的事情。

军事审讯者对犯人用的初始的技巧之一，就是所谓的激励方法的一部分。这可能包括：给他一些物质享受，以此让他对所处的环境和审讯者更有好感。马多克斯非常怀疑这个方法的价值，因为它并不能解决与犯人感受相关的核心问题。他更喜欢能引起好奇心的策略。

你认为，某个人刚刚经历了犯人所经历的，会关心热茶和百吉饼？那个家伙正试图决定是应该辩护自己完全无辜，还是设法让那些美国人相信他们不小心抓错了人。他想知道，"我应该设法让他相信只是他认为我的行为比事实严重，以此将我穷凶极恶的活动大事化小？我应该设法通过配合交涉我的出路？或者也许我应该就这样坐在这里，表现出一脸困惑。"

我们可以将马多克斯关于犯人想法的描述和那个接受审查的高管做一个对比，让我们试着描述一下那个高管的脑子里究竟在想些什么。一杯卡布齐诺咖啡和一个司康饼能够缓解一下他的焦虑吗？当然，这名高管面临的不是生与死的考验，但是对于有些像他这样的人，牢狱之灾可能就像判死刑一样。

关键要记住的是，刚一开始的交流在很大程度上就会决定你能不能达到预期的结果。马多克斯拿它与开飞机做比较：如果你不懂怎么起飞，你立马就会坠毁。“很多做审讯工作的人认为他们正在驾驶一架飞机，而这架飞机很早就坠毁了。”不管是会见、谈判，还是像那个CEO对高管的调查，模式都是一样的。你必须有好的开始，并对手边的情况有认真的考量。接下来，你才能尽力保持合适的速度和方向让飞机起飞。

### 确认他的需求

标准的军事审讯在开始之前，通常要对情报缺口和情报目标进行评估。审查者想要知道犯人能给他们提供什么样的信息，从而有助于发现有价值的目标、评估军事力量、制定作战计划，等等。所以，审查者倾向于从一开始就弄清能从信息提供者那里得到什么。也就是说他是带着需求来的。这就在会谈或交涉中给信息提供者做出了限定——他能不能满足审讯者的需求。马多克斯的方法却与此相反：

我把情况反过来，好像我什么也不需要从他那里得到，而他却有求于我。我通常会用友好的方式来做到这一点。

我尽力做出很好接近的样子。我会这样说：“噢，伙计你在这儿呢。哦，你还好吗？”他刚从战场上或让人非常不快活的环境里解脱出来。或许他会摇摇头，所以我会说：“不好，是吗？那些家伙对你不好吗？你想得到需要的一切吗？”

我没有要求他做任何事情。我问他：“有什么我能为你效劳的吗？”

他也许只是不客气地说他不属于那里，他是无辜的。我就会开玩笑：“我知道，兄弟，这儿的每个人都很无辜。”

他知道我不是半夜里把他从家里揪出来的那个人，所以他或许认为我可能还没有给他下定论。我就像块黏土，还没有变硬，还是可以雕塑的。这就给接下来的对话定下了基调：你不需要从信息提供者那里得到任何东西，而信息提供者却在很多方面有求于你。你正在为犯人找理由与你说话打下基础。你表面上什么也不想要，而且同时还能给他很多。

马多克斯让信息提供者确信有求于他的一部分策略，就是他的时间有限。他来这个房间与信息提供者会面，只是想向他保证，他的需求会得到理解，并得到最大可能的满足，但是因为其他紧迫的任务他不得不尽快离开。在上面提到的 CEO 和高管的场景就是这样。据称高管在企业的业务工作层面犯了非常严重的错误，CEO 就说因为其他事项的安排请求对方原谅自己离开。

压力来了。信息提供者必须陈述他的需求或者放弃这次机会。一旦有了想急切地与审讯者建立联系的想法，信息提供者就会给出口头或非口头的暗示：我需要你的帮助。

当人们需要你的帮助时，如果你过于强势，你就会变得吓人并因此很难拉近与他们的关系。但是如果你装作漫不经心，但很热心地表示好奇和重视，表示理解他们以及他们的两难境地，那就等于你在邀请他们与你建立关系。接下来的终极挑战是弄清楚信息提供者到底想要什么。一旦做到这一点，你就有很大机会从他那里获得真相。

### 培养信任

如果你正在对付的是一个充满敌意的信息提供者，那么如果能有机会玩“无罪还是有罪”的小把戏就好了。作为获取信任策略的一部分，接下来马多克斯会通过一个过程，让信息提供者确信他对信息提供者是否有罪还没有做出任何判断。他想向信息提供者清楚地传递这样一个信号：他还没有下定最后的决心，他所寻求的信息只是用来帮助他做一些重要的选择。

交流可能是这样的：

马多克斯：我真的非常忙。我知道他们正试图尽快把你送到关塔那摩监狱（Guant á namo Bay）。我来这儿只是需要处理一些文书工作，并确认一下你的名字。

犯人：不要走。我真的需要你的帮助。

马多克斯：有什么困难？我不能一整天都在这儿陪你，但是我会尽力帮助你的。

犯人：我是无罪的。

马多克斯：指挥官可不这么说。那些抓你过来的人确定你有罪。他们很高兴把你抓到这儿来。

犯人：他们撒谎。我没做什么错事。

马多克斯：关于这件事，我什么也不知道。你得给我解释一下到底发生了什么事。

那个 CEO 和被怀疑做错事的高管之间的对话，也可以很容易地按照上面的逻辑类推：

CEO：我必须为明天的董事会做准备，所以还要请求你的原谅。接下来我们的律师团要和你待一段时间，看看怎么处理这件事。我花几分钟来这儿只是想让你知道，从现在起事情的进展可能会相当快了。

高管：只是请你再多待几分钟。我需要你的帮助。

CEO：你觉得我有什么可为你效劳的？

高管：我没做什么错事。

CEO：审计员们可不这么认为，并且也没人这么告诉过我。

高管：他们弄错了。我不知道谁告诉了你什么，但他们告诉你的肯定不够全面。

CEO：你必须得解释下到底发生了什么事。

由于这样的对话，审讯者和犯人之间的关系就发生了急剧的反转。在审讯的具体情境下，当马多克斯摘下他的头套时，犯人的主要想法是：不要同这个家伙谈话。可是现在发生了转变。他察觉到马多克斯不仅摆出了帮助他的姿态，而且审讯者也还没有认定他是有罪还是无罪。“你必须让犯人确信你是可以塑造的。犯人必须感觉到你对他一无所求，而他可以给你留下好印象。当他认识到这一点，他就会想：等一下，我想要同这个家伙谈一谈。这样做也许没什么好处，但这是我改变处境的唯一机会。”

当充满敌意的信息提供者想要同你谈话时，这就说明你在培养信任方面取得了突破性进展，也就是说，你们的关系更进一步了。他感到只有通过对话才能说服你来帮助他。要想让这种信任持续下去，你就一定要让犯人相信你愿意并有能力帮他进行一些强有力的运作，好让他早点出去。

完成这一步以后，形象地说，你就要设法让他走向你，让他想要靠近你。在有敌人存在的情况下，你要让他站到自己这边来。马多克斯经常看到这类事情在犯人身上发生。他们看到美国部队效率很高，在作战中力量强大而精准。与自己的队伍做一番比较之后，那些犯人往往决定还是聪明一点儿吧，转而投向美国。

在处理充满敌意信息提供者的其他情况中，这种转化工作可能包括转化一个对国家有利的证人，或者秘密收集对你有利的信息。在上面提到的高管的例子中，他就可能选择合作，从而导致其他卷入贪腐计划的人也被捕。

那么那些选择与我们合作的犯人可靠吗？他们是不是对我们忠诚，并且值得信任呢？如果你表示怀疑，那也有情可原。马多克斯的轶事可以提供令人信服的证据。他有超过 2700 次的审讯经历，但是在他认为那些犯人可以合作之后，只有 3 个犯人欺骗了他。他特别指出，当然，还有成百上千的犯人他没能与之成功合作，但是在他感觉已经取得完胜的那些人当中，几乎所有人都采取了合作态度。这是一个令人印象深刻的转变，几乎可以和汉斯·沙尔夫媲美。据推测，在他参与审讯的犯人当中，有超过 90% 的人提供了有价值的信息。

### 从心理上重新导向信息提供者

如果你曾经去过夏令营、新兵训练营、大学，或者亲身经历过一些其他持续了一段时间的社会实践，那你就能立刻理解接下来发生的事情。在信息提供者答应合作以后，你就应该尽力将他导入一个新的世界。就拿夏令营的经历来说，一个人离开家来到新的环境，很快就适应了并且感觉待得很舒适。只要你能把他留在这个新环境中，他很可能就会在那里待着。在上面提到的那个商业领域的例子中，CEO 就可以把高管转移到总部，在那里他就可以定期接近那位高管。而从事秘密活动的间谍，则会将他争取过来的背叛者安置在一个安全的房子里，在那里，他们能经常见面并自由交流。

在某种意义上说，这就像第四章描述的一种军事方法——“改变场景法”。这种方法最大的不同就在于它的临时性，类似于抽空带信息提供者喝杯咖啡，而不是一直待在审讯室里。这种方法很自然，一点也不做作，尽管也可能会促使谈话变得更加坦率，但是它并不刻意去加强某种联系。这是这种方法要达到的目标。

在战区，犯人被带到远离战火的环境，不再时时担心在什么地方藏身，这就意味着他到了一个完全不同的世界。这里没有战争的因素令他时时感到不安。马多克斯说："这就像为一些瘾君子戒毒。你将他们带到戒毒所里，他们就会很好地配合。只要他们不必回到社会，他们就会好好地待着。"

## 将利害关系融入语境之中

在有犯罪情节的电视剧里，侦探通常坐在被指控谋杀的嫌疑人对面的桌子后面，并警告他："如果犯罪现场的目击证人告诉我这事是你干的，三个月内你就会被判死刑。"在那个 CEO 的版本里，应该这样警告："如果我们的审计员们证明你篡改了账目，你这一辈子也还不完你会收到的罚金。"在上面这两个案例中，先前充满敌意的信息提供者也许觉得从审讯者那里取得了些许成功，但在这之后，这种感觉就会烟消云散。

他们这样做的结果就是把话题集中在犯罪发生的"那个地方"，而现在他们需要做的是聚焦在当下"这个地方"。

你现在没有在战区。即使你以前在战区待过，将话题和利害关系限定在当下"这个地方"还是有明显好处的。在这里，正在进行的是一对一的互动。你面对着一个充满敌意的信息提供者，他现在对你已经有了一定的信任，所以我们一定要将对话限定在当下的语境中，看看当下发生了什么。为了阐明这个工作是怎样进行的，马多克斯提供了一个场景：

我们一定要根据审讯室内发生的事情来晓以利害，不要考虑其他人说了什么威胁的话。

犯人或许会说："我是无辜的，我什么也没做。"但是这个情景架构需要有个前提，那就是即使他已经得知我的团队说他曾经炸死过美国人，他还是感觉同我说话对他有利。

"不，不，你可以问我任何问题，"他说，"我会向你证明我是无辜的。"

我在瓦丘卡堡（Ft. Huachuca）接受过训练，其中一个方法促使我这样说："好吧，但是如果你杀了人，并且我能证明它，你后半辈子就在监狱里过吧。"

但是我想将焦点放在当下"这个地方"，而不是他在外面的"那个地方"做了什么。所以我不会那样说，我会说："听着，如果我在这儿花时间来帮助你，你可不能对我撒一点谎。"

比较典型的回答是这样的："先生，如果我对你撒一丁点谎，你就杀了我。"与此同时，为了强调，他会用手划自己的脖子，做出砍头的动作。

我向他表明我不能也不会杀他，但是如果他对我撒哪怕一个小小的谎，他就会在监狱里度过余生。接下来为了活跃气氛，我会给他一个好消息："但如果你不对我撒谎，我就会让你走出那个门。"

大家看看刚才发生了什么？我没必要证明那个家伙在外面做了什么，我只是在当下"这个地方"揪住他的一个谎言不放。

将利害关系仅限于审讯室内部。你不能证明他们在外面那个地方做了什么，但是你可以通过他在审讯室的一个谎言来控制他。

## 提适宜的问题

马多克斯认为，他在瓦丘卡堡参加的审讯训练中，最有价值的就是提问技巧。这就是我的合著者吉米·派欧（Jim Pyle）在审讯学校曾经教过的课，并且也是我们在《超级询问术：如何通过交谈获得你想要的任何信息》（Find Out Anything From Anyone, Anytime）一书中重点关注的。需要特别指出的是，马多克斯能够在区分不同类型问题的过程中发现有价值的东西，并且懂得如何将不同类型的问题进行逻辑组合，从而获得有用的信息。

即使如此，他在具体的执行上也有自己的独到之处。首先，我要明确一下各种不同类型的问题（详细讨论见第 5 章）。我将以审讯犯人、CEO- 高管两个相关场景为例。接下来，我会涉及马多克斯所采用的方法，他在提问和处理与信息提供者有关问题上有些与众不同。

**好问题：**

1．**直接类**。这种问题直截了当，使用带有质问口气的基本词汇或语句作为开场。比如那个 CEO 问高管："你更改财务记录了吗？"

2．**掌控类**。这种问题在提问之前，你就已经有答案了。尽管已经获知了那条信息，CEO 还是会问高管："在那个地方你有多少位下属？"

3．**重复类**。看似两个或更多的问题，其实包含着相同的信息。CEO 问高管："你最后一次进入财务记录是什么时候？"高管回答："3 月 30 号，第一季度末。"在谈话将要结束的时候（对话发生在 5 月 15 日），他快要走出门口了忽然问道："顺便问一下，我明天要召开董事会，我要告诉他们自从你进入财务记录到现在有几个星期了？""大约两个星期。"高管不假思索地脱口而出。

4．**跟进类（或连续类）**。将同样的问题重新组织一下或者干脆再问一遍就是简单重复，只是想从不同的角度探求所需要的信息。其中一个版本是"还有其他的吗？"这样，正在提问的审讯者可能会问犯人，在被捕前他正在干什么。犯人回答："正在吃午饭。"审讯者怀疑他不只是在吃午饭，因为犯人的腿上有一个新鲜的伤口，所以他问："还干什么了？"

**5．总结类**。这是一种强化答案的辅助手段。CEO 对高管说："是不是总共有四个人进入了那些记录，我理解的对吗？"只是这个时候要特别小心，不要为了强调信息，而让提出的问题变得复杂。这类错误的例子是："我理解的对吗，是不是总共有四个人进入了那些记录？并且当问题出现的时候，是不是其中一个人正在休产假？"

**6．不切题类**。这样的问题从表面上看与你正在寻求的信息无关。在接下来的讨论中，你将会看到马多克斯如何熟练地运用看似不相关的问题，来得到有用的信息。这种方法在充满敌意的信息提供者身上的经典应用，就是在相对轻松的对话中，谈论不涉及"有罪还是无罪"的话题，然后观察他的反应。

**坏问题：**

**1．诱导类**。问题本身就提供答案。在犯罪行为还未成立之前，CEO 就对高管说："关于操纵财务记录，你觉得有多糟糕？"其实在那个阶段应该直截了当地问："你操纵财务记录了吗？"

**2．否定类**。使用"从来都不""不"等否定词，导致不知所问。比如审讯者对犯人说："你没有听我说话吗？"

**3．模糊类**。问题不明晰，导致信息提供者不能确认审讯者需要什么样的信息。CEO 问高管："当你察觉审计员们进入大楼，没有事先通知就进入你的办公室，你的助手还跟在后面一溜小跑的时候，你当时是怎么想的？"高管会对这个问题进行挑选，他可能会这样回应："我担心有人对我的助手做了什么可怕的事情，她当时看起来吓坏了。”当你问的问题模糊不清时，如果信息提供者想要向你隐瞒事实，这就给了他一个机会，甚至他都没有必要向你撒谎。

**4．复合类**。一次问两个或更多问题。审讯者问犯人：“你是怎样把炸弹运进那个大楼地下室的？你从哪儿得到制造炸弹的材料？”

将这些不同种类的问题装进他的“武器库”，马多克斯开始了他的审讯，这很像你坐火车进行长途旅行，碰到了某个人，然后开始了对话。所有这些好问题给了他更多选择，其中包括直接类、掌控类、重复类、跟进类、总结类、不切题类问题，等等。他尤其擅长向我们展示：在一场审讯中，为什么有时貌似无关的一些问题反而可以发挥重要作用呢？这是怎样实现的呢？

如果犯人是叛乱分子，他生命中的95%是正常的。他有工作、孩子和家庭需要照顾。可是他用了其他5%的时间来制作炸弹和放置简易爆炸装置。他会极力隐瞒那5%，但对其他95%的实际情况却持开放态度。他敞开心扉，希望我断定他是无辜的。我问他关于朋友、家庭、工作、关系、旅游、财产、收入等一切问题。然后不知怎么地，我的脑子里就有了一个蓝图，根据它我就能确定那隐藏的5%。

然后我将这些发现向犯人挑明。你能看到他脸上的表情，他知道自己已经露馅了。

马多克斯关于他自己审讯风格的概述还很不够，实际情况比这个要复杂得多，实际过程更大程度上取决于他追踪信息线索的方法。如果你一切都“照书本上的来”（在这个案例中，意味着遵守《美国陆军战场手册》），那你就会找出一条单一的线索并持续跟进。因此，举个例子，如果信息提供者提到他那段时间每天都会见的朋友。当然，据称那时信息提供者正在从事不法活动。那么你就会沿着这个问题跟踪下去，并把焦点集中在他的朋友上。与此相反，在下面的例子及解读中，马多克斯阐明他的审讯过程是如何的与众不同：

让我告诉你，我正在同一个来自提克里特（译者注：伊拉克城市）的伊拉克人谈话。我们的对话持续了三四个小时。我们从朋友和家庭开始谈起。当谈到他的家庭时，他说他有三个兄弟——两个哥哥和一个弟弟，还有两个姐妹。他有一个农场。他喜欢旅游。他和家人一起参加了很多活动。

我注意到当他去参加婚礼或者其他家庭聚会的时候，他坐在一辆汽车里。但是每当与一个或几个兄弟在一起的时候，总是年长的哥哥开车。我就会问："你都和谁一块坐车去参加活动呀？"

"我大哥开车过来接我们。"

或者他会说："我开车到我弟弟家里接上他。"

于是，我就形成了一个相对有把握的生动印象。只要有年龄大的哥哥在场，年龄大的哥哥就开车。在某个话题上，他告诉我三年前去参加一个姐姐或是妹妹婚礼的故事。他说两个哥哥坐其他车去的，而他和弟弟坐一辆车。我问："你坐在哪个位置？"

他说："坐在后排座上。"

突然，我想起少了一个年长的家庭成员。我不得不想尽一切办法来确认这一点，但是我做的一切都是用确切的数据在脑子里构建一个画面。我不会往这个画面上涂任何多余的颜料。每一件事都要有数据支撑。

大多数人都有用假定弥补这些数据缺口的倾向，有时甚至动用一些本来就不存在的数据来证明自己的想法。我不是说我没设想过他们正驾车行驶在路上，但是如果犯人没有描述，我就不会考虑它。我不会追问这样的问题："当你们驱车赶往你母亲家的时候，发生什么事了？"这就是往一幅画面填充涂料的行为。不要强行塞入你还没有得到的数据。但是一定要使用你手头上已有的数据。

我不会给任何相关或不相关的信息贴标签。至于什么时候能够得到它，我也不知道。你必须使用手头上有的数据，或者说所有的数据。

我不凭直觉办事，我是一个务实的人。我只是收集资料，然后看看它们怎样匹配，数据缺口在哪里。

让我们更进一步地解释马多克斯的审讯过程。如果他试图确认故事里缺少了一位家庭成员，他就会怀疑犯人想要隐瞒某件事情。那可能是另一个家庭成员，比如堂兄弟，或者信息提供者对每个家庭成员都可以随意谈论，但对自己妻子的弟弟好像有意回避。或者存在这样一个细节，比如犯人说他有一个农场，可关于地域和建筑的描述都显示他有两个农场。又或者他说去过两次叙利亚，可他的叙述表明他实际上去过三次。

马多克斯从不忽视利用身体语言或者 NLP（神经语言规划）等工具，将它们作为识破骗局的指示器，但是他不把它们看作是最主要的手段。对他来说，身体上的暗示只是意味着审讯速度上出现了偏差。如果他和犯人对话流畅，花了三分钟谈犯人的弟弟，又花了三分钟谈犯人的哥哥，但是在谈到犯人的大哥时却陷入了停顿，他就会怀疑信息提供者正试图隐瞒一些事情。"但是知道那个并没有太多的好处，"他说，"发现他到底隐瞒了什么才是我需要的。"

他还想知道为什么信息提供者会隐瞒这个信息。信息提供者会向所有人隐瞒还是只是瞒着他这个美国审讯者？这些信息你都不能指望身体语言会告诉你。身体的反常只能告诉你：需要注意了，这个人可能说谎了。

接下来，马多克斯就会运用他的询问策略，来思考这些似乎包含着谎言的碎片。他说："这些线索是犯人剩余 5% 的生命中的一部分，而这 5% 与他的叛乱活动相关。"他接下来提出的每个问题都能使整个真相中的一个或多个缺失的碎片得到确认。

所以，他处理问题的方法与跟踪信息线索的标准样式不同。不只是缺少一个哥哥，还少了一个农场、一次旅行、一个小舅子。他要通盘考虑这些问题。这些问题确实需要互相"依靠"才能得出更多有用的信息，但是你不可能指望像初级审讯者在《美国陆军战场手册》上学到的那样简单。

心智不像埃里克·马多克斯那样灵敏的其他人可能会问的问题是：你是如何运用这样的策略的？又是怎样同时跟踪多个信息线索的呢？这种策略是马多克斯成功的根本，以至于他毫不含糊地说："那就是我如何找出真相的。"

听起来，马多克斯的技巧好像依靠神奇的记忆，但你可能平时就在一定程度上这样做，只是你没有意识到。一些受人尊敬的新闻记者已经使用这种方法好多年了，只不过马多克斯又拿过来用了。在 19 世纪末 20 世纪初，威廉·亨利·希尔斯（William Henry Hills）和罗伯特·卢斯（Robert Luce）（一名新闻工作者，后来成为马萨诸塞州的美国代表），出版了一本包含好多卷的书，名字叫《作家》（The Writer）。在第 15 卷里，他们建议：

一名记者最好经常遵循这样一个规则，那就是初次采访时只关注于完整的故事而不做任何记录。然后再与询问的对象不断温习，这一次对一些名字和重要的事实做简短的记录。在“包围”事实之后，可以说他就知道了从哪些细节上把握需要的信息，并且能够将它们分门别类，获得最佳效果。

他们在书中提到，最早提出这个建议的是一个享有声望的新闻工作者，他的名字叫查尔斯·汉姆斯莱特（Charles Hemstreet）。他在 1866 年出版的一本书《工作中的新闻记者》（*The Reporter at Work*）中首次提出这个建议。在那本书中，汉姆斯莱特提出的逻辑与马多克斯的审讯技巧相符。一些像马多克斯这样的人（我个人认为），发现记笔记很分神。我们完全可以尽力听清信息提供者说的每一个字，然后花些时间来处理我们听到的，最后再提问、跟进信息线索。

如果这个询问方法对你有效，你会发现立刻就能跟进多个信息线索了。你可以使用这个方法把各种信息分为人物、地点、事物、活动等类别，这样你的脑子里就有了潜在的存储信息线索的系统，就像在现实中做笔记的时候，你会将它们分类存放一样。

## // 大事化小与事态扩大 //

大事化小，指的是减少信息提供者的负罪感，或让他感到自己没怎么犯错。事态扩大则与此相反。如果使用得当，两个方法都可以从心怀敌意的信息提供者那里榨出真相，但是这些技巧运用起来并不是很容易，不像观察犯人紧张的姿态或者避免提坏问题那么简单。有时候还容易弄巧成拙，最后信息提供者知道你正在利用他的感情，来引诱他承认欺骗、偷盗或者其他罪行。

### 大事化小

下面的例子阐明由于审讯者选对了侧重点，大事化小的技巧得到了熟练应用。

迈克尔·瑞礼（Michael Reilly）是美国海岸警卫队调查服务机构（Coast Guard Investigative Service）的一名特工。作为工作的一部分，他要审讯一个猥亵儿童的犯罪嫌疑人。事实上，他远远超过了嫌疑人的范畴。迈克尔·瑞礼有足够的证据证明，坐在他面前的这个军官曾和他的女儿乱伦。作为几个年幼女儿的父亲，迈克尔·瑞礼要做的最后一件事就是和这个令人发指的狂魔建立和谐的关系。但是他知道他不得不这样做，因为他想要这个狂魔坦白。因为如果他不坦白，他的女儿就得和他当堂对质。这样一来，那个女孩噩梦般的记忆就要重新被唤醒，她就得在法庭上向着满屋子的陌生人说出她的父亲对她做了什么。所以，迈克尔·瑞礼开始架设一座沟通的桥梁——一座父亲与父亲之间的桥梁。

他们谈到了身为一个漂亮女儿的父亲要付出的艰辛。他们一致同意，他们愿意为自己的女儿做任何事情，哪怕有时候让他们痛苦不堪。迈克尔想让嫌疑人感觉他好像很理解他。他想让嫌疑人有这样一种感觉，那就是他对女儿的行为是可以令人接受的，甚至是正常的。他稳步地推进对话，将话题转移到两性关系上来，最终表明他非常理解一位父亲想教女儿如何与男性相处，包括她的第一次应该交给她爱的人，一个愿意和她发生关系从而保护她以后免受性爱惊吓的人。

那个男人开始相信迈克尔·瑞礼，这个时候他就谈到了他如何真的那样做了。他陷入了迈克尔大事化小的技巧中，嘴里说着这样的话："我当时试图教女儿一些人情世故。我不想让她从陌生人那里学习这些。"

迈克尔·瑞礼运用这种方法的重点就是表现出友好的姿态，表达理解甚至是同情，通过表明他做得对，来唤醒他的自我意识，并最终触动他的灵魂。这就是在审讯策略领域里被研究者们称为的"没有后果"的大事化小。

相反地，"有后果"的技巧就会极力淡化罪行的后果，并且强调如果与审讯者合作，就会得到宽大处理。不过研究发现，这种"有后果"的大事化小很可能诱使嫌疑人招假供，或者导致其他信息不正确。而迈克尔·瑞礼的"没有后果"的大事化小却不存在这种缺点。

**事态扩大**

在第四章，我简要提到了军事风格谈话中的激励因素，或者在审讯者看来就是所谓的"技巧"。那些"技巧"中的一些手法在事态扩大方法中也是关键要素。在本质上说，事态扩大比大事化小更具对抗性。这些要素可能包括"我们什么都知道""温和地提升恐惧"等方法。所以，比如说，你可能会面对一个有外遇的男人。

你告诉他你已经从他的情人那里看过他们的短信了（即使你没看过，但是你知道他发过很多短信），并且准备将这些告诉他的母亲。因为宗教信仰，他的母亲很可能会因为他的通奸行为而取消他的继承权。

采用这种技巧的漏洞可能也显而易见。任何时候当你信誓旦旦地宣称某人有罪，而你又没有他犯罪行为的铁证，你就会如履薄冰。然后无论何时，当你将第三方引入场景的时候，你就相当于引入了一个变量，就可能会露馅儿。

使用事态扩大更好的一个方法就是装出一副盛气凌人的样子，并且断言他是有罪的。这是使用事态扩大而又不会产生什么不良后果的做法。使用这种方法很可能会榨出真相，并且不太可能过度刺激信息提供者，从而让他愤怒、生气和否认。

无论你使用什么技巧，想诱使敌对的信息提供者说出真相，基本的前提是：你正在和人类打交道。只要是人类（除非他们是异类），就会想要与别人建立联系。这本书通篇描述的方法就是一些人际交流的技巧。它能让你与其他人更有效地交流，并且通过对话与交流得到有用的信息。

# Chapter 10 自我评价

你会欺骗自己，你知道的。

你会认为这是不可能的事，但事实证明这是世界上最容易的事情。

You can fool yourself, you know. You'd think it's impossible, but it turns out it's the easiest thing of all.

——朱迪·皮考特（Jodi Picoult）

在所有技巧中，自我评估可能自始至终都是最有用的一种。你的人际关系、健康、职业取决于你给自己的真相。

实际上，你并非总是能得知真相。可能有时候欺骗自己才是行之有效的方法。

本章深入研究以下情况：告诉自己真相对你的幸福感至关重要，如何鼓励自己了解真相，有时适度的自我欺骗可能更有好处。

## // 人际关系 //

在为本书收集专家见解和个人故事的时候，我收到了一封电子邮件，它来自于素未谋面的一个人。我的一个亲密伙伴请我把她的故事投稿，将之作为一种途径来说明一个非常聪明的女人（她获得了哈佛大学的研究生学位）因为没有好好自我反省，而遭受了不幸和损失。为了保护投稿者的身份，电子邮件中的人名已做更改：

2009 年 1 月 1 日，我的前夫离开了我。我的继女一周后打电话说他正住在一个女人的家里。他曾告诉我说他和一个“投资人”住在一起，以梳理自己的感情。

我直到六周后才接受了这个事实，希拉里（Hilary）再次打电话告诉我他真的和那个女人在一起了。他离婚后确实和她（短期地）结婚了，当然那是在他花了那女人很多钱之后。我真的无法相信他在欺骗我。

我仍然难以接受他在撒谎骗我。6 月份，我被他之前的一个合伙人告了，因为我前夫在一份 130 万美元的个人担保文件上伪造了我的签名（我很高兴支付一笔巨款来保护自己）。

我简直不能相信，我仍然为此感到震惊！！

我的合著者特雷弗·克劳（Trevor Crow），是一位专注于家庭和夫妻关系的治疗师。她告诉我，她已经听说了许多与之类似的故事，并指导人们用精神聚焦疗法来治疗。当你对一个人的诚信有所质疑时，如何开始诚实地面对自己？她的建议是不要依靠你的认知经验。也就是说，她不建议用逻辑问题来开启心智，创建此人正反两面的清单，或者写下所有的事件真相并逐一分析。她的建议更加富有同情心：尝试一次本体感觉疗法。在接受本体感觉疗法时，你集中精神于自己的身体感受，以此来更加诚实地及时感受自己对一个人、一个地方、一件事或某个事件的想法和感情。为了理解这个过程，她建议：

挨着另一个人静静地坐着。仔细注意你的身体对靠近你的这个人的反应。你的感官体验是否平静而柔和？是否有安全感和幸福感？还是本能地感觉紧张，或者还有可能是兴奋？有茫然的感觉吗？或者可能会觉得身体有一些重心不稳？

仔细聆听你的直觉感受，并重视它。你的感官经验不会对你撒谎。

一旦你理解了本体感觉疗法中所依靠的那些感觉，试着把它用在一个你对其诚信有所怀疑的人身上，你会得到一个基于生理学指标的答案。记住本书起始部分描写的所有的压力标志，比如是否突然注意到转接器和障碍，或改变姿势？这并不是只有别人才会做的事。监控自己对基线的偏离，看看你是否表现出有承受压力的迹象。

在断定了自己的感受后，从中抽身，花时间想想你是如何考虑的。换句话说，带着你的真实感受靠近这个人，然后对自己提出一些好的问题。

// 健康 //

当我们生病或是感觉不适的时候，通常我们身体内会有个声音问道："这是什么？""什么引起了这个？""这是怎么发生的？"我们大脑内的另一个声音给出的第一反应通常会是一个合理的结果。答案可能是："没什么，会没事的。""可能是天气影响。"或者"我可能不经意间撞到了什么东西。"

对某些人而言，有关健康问题的自我欺骗并不仅仅是编造一些关于为什么我们有此症状的借口。这是一种被称为"疾病失认症"的精神疾病，这个医学术语指的是意识不到困扰你的东西。除了简单的心理否认（大多数人有这毛病），遭遇这种状况的人甚至会否认一些很明显的、严重的症状，譬如麻痹。

其他人只是会做出转移注意力的有害行为，这被称为"使合理化（Rationalizing）"。但是就我们的健康而论，我们想尽快得到准确的答案。

为了阐明质疑自我评价的重要性和原理，让我们从一个真实的故事开始吧。2013 年春天，我的一个客户由原来单边臀部的不适发展成了双臀疼痛，髋部屈肌疼痛无力，有时下背还会疼痛。她从医生那里得到了不同的诊断，所有的医生都认为她不需要做核磁共振和 X 光。她还做了无数次理疗，但是也只是暂时缓解了这些症状，每次都是只能缓解几分钟或是半小时左右。一些理疗甚至根本没有任何效果。

这种长期存在的症状使她变得虚弱，疼痛使每一个涉及抬腿的动作都变得很困难，从行走到穿裤子，到上下楼梯。她身边的每个人都认为这些问题一定和她曾是运动员的背景有关系。毕竟，在多年的诸如体操、健美、举重、400 米越野挑战赛这样激烈的竞赛后，她的身体怎么可能会正常呢？医学专家还说，她现在做设计时久坐的姿势很大程度上也加重了这些症状。

后来我把她介绍给了超耐力运动员、世界纪录保持者比尔·布拉德利（Bill Bradley）。他没有像其他运动员和医疗专家一样关注她的症状。他问了她一个善于提问的人都会提出的问题，因为她已经忽略了问自己的问题："还有什么其他的原因可能会引起这种症状吗？"她几乎没有思索、甚至没有想到过要问这个问题。他没有试图引导她获取答案，而是推荐了一本叫作《治愈背痛》（*Healing Back Pain*）的书，第一次出版于1991年。作者为哲学博士约翰·E. 亚诺（PhD. John E. Sarno），他是纽约大学医学院（New York University Medical Center）的临床康复医学教授，纽约大学医学中心霍华德·A. 腊斯克临床康复医学研究所（Howard A Rusk Institute of Rehabilitation Medicine）的主治医师。他假设一个人面对紧张状况的反应会引起真正的生理紊乱，正如她所遭受的一样。比尔承认，那本书帮他从连续14个月的严重背痛中完全恢复了过来；他的康复开启了他一系列惊人的耐力壮举。

看了这本书，我和她似乎都觉得亚诺提出了和比尔一样的质疑。在两周的时间里，她一直在思考其他可能引起这些症状的原因。她将这些生理症状的产生和她职业生涯中使之紧张的各种期限和工作需求联系了起来。

然后她向自己提出了一些很好的问题：什么或者谁在长期地使我紧张和（或）愤怒？如果我假装疼痛不存在会怎么样？如果我更努力地克服疼痛又会怎么样？她诚实地回答了自己；疼痛继续着，但是密集度和位置发生了改变。想着亚诺的话，她每天都问自己这样的问题，最终发现了真相：作为一名设计师，她承受着巨大的、持续不断的压力，甚至于在床上读小说都会令她觉得羞愧，因为她并不是一个“多产”的设计师。

几周后的一天，她在杂货店门口下了车。当她向门口走去时，她发现她没有疼痛感了。穿过过道时，没疼。到家时，她上下楼梯。虽然有些不适和虚弱，但是没有疼痛感。第二天也如此，所以她尝试了一些比之前更加需要体力的运动。但是疼痛又回来了。

她开始和一个造成她的长期问题和压力的人接受物理疗法。在几次治疗后，她爬楼梯，腿脚利落地行走，做轻重量训练，相对轻松地处理日常工作。真相是：她承受着前所未有的压力，却不愿意承认。由于她没有意识到这个事实，所以不但小的生理问题恶化了，而且新的问题又来了。这些问题束缚了她的行动、健康和生活乐趣。当她不再进行自我欺骗的时候，她开始痊愈了。

## // 职业 //

汤姆子承父业，以卖人寿保险为生。他靠可观的收入养活着妻子、两个女儿和一个上大学的继子。纵贯他整个人生的自我欺骗就是他作为一个成功的保险推销员就意味着他适合这个职业。当他快 50 岁的时候，他告诉妻子他真正想做的是制作三明治。

他的妻子将他的话归于奇特的幽默感，而这种幽默感，她希望他已经扔到了爪哇国（left in Boston）。然后汤姆告诉她，他想和她一起制订一个计划，于旅游季开始时在他们所在的小镇开一家小熟食店，看看他能否真正成功地做出三明治。他是一个天生的厨师，已经调制出了 10 种不同寻常的三明治和两种汤。

在当年 5 个月的旅游旺季里，他开的熟食店风靡一时。而除此之外，他的生活就是在苦苦挣扎，但是他仍然快乐而乐观，在淡季他通过餐饮聚会挣到足够的钱，养活着生活在美丽家园中的一家人。

当汤姆因重病而不得不放弃他的熟食店时，他已经快乐地做了 10 年三明治。真相是：这就是他想做的事。在一生中弄明白你想做什么并不容易——它并不像汤姆对做三明治的狂热一样显而易见。尤其是当你擅长做一件事，而它又能给你带来可观的收入，并且你内心对此也算满意的时候。

在高科技产业做了十几年的营销传播后，我成就卓著，有着丰厚的经济酬劳，并且十分自鸣得意。但我是幸运的：由于失业我内心感到了极大的乐趣。

感到有些茫然无措，我参加了安东尼·罗宾斯（Anthony Robbins）的一个研讨会。在会议将近一半儿的时候，我听到他问了这个问题，“五年后的你在哪里？”我真正地把这个问题听到了心里。答案的确定性和不确定性在我的心里斗争着。我可以在儿童泳池里玩水，并欺骗自己说生活一帆风顺，或者跳下三米跳板面对一个高危的事实：我想以写作为生。

所以答案是：五年后，我看见我在签署自己出版的新书。

正如你的情感会很好地帮你发现你的人际关系真相，它们也会帮你发现你的职业真相。了解自己擅长做什么很重要，但是问问你自己，你所擅长的事情中哪一件会在情感上使你精力充沛。

《今日心理学》（*Psychology Today*）的作者凯特·麦高文（Kat McGowan）研究了这个有关自我欺骗的话题，并在她的文章《活在谎言中》（*Living in a Lie*）一文中评论了四个战胜了自我欺骗的人。她的结论应该会让我们所有的人舒服一些，那就是：

没有特别容易进行自我欺骗的人格类型。我们同样都容易生这种病，尤其是当我们身处焦虑中时。一般来说，接受我们自身的优势和缺陷，与我们内心的矛盾握手言和，以及学会处理诸如困惑和恐惧这样的消极情绪能有效地防止过度的自我欺骗。

## // 对自己撒谎的好处 //

对于一本探究真相的书而言，以有关自我欺骗的价值的章节来结尾，看起来可能有些奇怪。我的根本理论是认识到生活中你想要获得的真相，以及稍许的自我欺骗可能会让你感觉更好一些。换句话说，如果不进行自我欺骗，结果可能更糟糕。

乔安娜·斯塔雷克（Joanna Starek）目前是管理咨询公司 RHR 国际（RHR International）的一位高级合伙人，心理学博士，曾经做过一些优秀运动员们的性能提升顾问。她这样定义自我欺骗：自我欺骗就是你同时有两个相反的信念，你允许并推动其中之一进入你的意识。

人们在人际交往中不停这样做着。你允许你的真相是“他爱我，想要和我在一起”，即使你知道他正在找房子，急着搬出去。或者你允许“她对我是忠诚的”这样的想法，即使你已经看到了证明她和男同事约会的电子邮件。你的动机就是你希望这种想法是真的，所以你就把它当成真的。

不幸的是，这种自我欺骗并没有用，无论是对于被解雇的可能性还是治疗相关症候的需要。

但是，斯塔雷克进行的一项研究表明自我欺骗也有其积极的方面，允许意识中形成一个并不真实、或者还不真实的想法。她的此项研究的初衷是源于对该问题“对于两个生理机能相同的人，如何使其中一个永远胜于另一个？”感兴趣。

她进行了一项测试，该测试是 20 世纪 70 年代由两位精神病学医生哈罗德·绍尔海姆（Harold Sackheim）和鲁本·古尔（Ruben Gur）设计的，该测试以能够引发两种相反答案——“是或不是”类的尴尬问题为特点。近些年来，一些研究者给出了该问卷的一个新版本，要求从 1 ~ 7 的反应中给出答案，这些反应从“一点儿也不”到“正是这样”。其中一些问题是：

◎你曾经恨过你的父亲或母亲吗？

◎你曾有过想要杀死某人的念头吗？

◎你曾怀疑过自己的性功能吗？

◎你曾享受过你的排便过程吗？

◎你曾想过通过实施犯罪来报复某个人吗？

潜在的判断就是当人们对于这些在某种程度上每个人都会有的问题、想法或感受给出否定的回答时，他们就会对自己撒谎。

在斯塔雷克的研究中，她和她的研究伙伴在本季初将这份问卷交给了科尔盖特大学的游泳队，该游泳队一直以来都有着竞争力很强的队员。他们整个季节都在训练，以取得东方体育大会冠军赛的资格。

“这是一个非常客观的测试，”斯塔雷克说，“你要么游得够快取得这一季的资格，要么就没资格。”

在本季末，斯塔雷克发现了她所谓的“奇怪的关系”。对于这些尴尬的问题做出否定回答的运动员们做得更好：“他们过去一直都是冠军。”所以，那些游得最快、最成功的队员们就是那些对自己撒谎的人。

一些研究表明，否定某些有关身边现实世界的事实会使人们在生意以及团队中表现得更好，这不仅仅体现在体育世界里。这就是真正的好处：他们会生活得更加幸福。

那些更现实、更了解这个世界的人，比起他们使用自我欺骗的“副本”来说，往往会更加压抑。他们诚实面对自己带给他人的痛苦，正视自己的缺点，承认这个世界的无情与残忍。从诚实角度而言，那些不欺骗自己的人是对的。但是我们都有弱点，有时欺骗自己是我们处理问题的一种方式。

当然，简·保罗·萨特（Jean-Paul Sartre）不会同意后一种论断。这位20世纪著名的心理学家及作家坚定地相信自我欺骗“对人们的事业而言是一种即时的、永久的威胁”。但萨特是一位心理学家，而我们不是。对于思想没那么崇高、情感占主导地位的我们而言，偶尔自我欺骗一下可能更有好处。

**图书在版编目（CIP）数据**

超级交谈术 /（美）玛丽安 · 卡琳奇 (Maryann Karinch) 著；杨君君，叶红婷译．— 武汉：武汉大学出版社，2018.1

ISBN 978-7-307-19870-8

Ⅰ．超…　Ⅱ．①玛…　②杨…　③叶…　Ⅲ．言语交往—研究　Ⅳ．C912.13

中国版本图书馆 CIP 数据核字 (2017) 第 294305 号



责任编辑：黄朝昉　　责任校对：许　婷　　版式设计：苗　薇

出版发行：**武汉大学出版社**（430072　武昌　珞珈山）

（电子邮件：cbs22@whu.edu.cn　网址：www.wdp.com.cn）

印刷：北京中科印刷有限公司

开本：880×1230　1/32　印张：8.5　字数：200 千字

版次：2018 年 1 月第 1 版　2018 年 1 月第 1 次印刷

ISBN 978-7-307-19870-8　定价：39.80 元